아홉 살에 처음 만나는

아홉 살에 처음 만나는
신비한 고대문명
마야 ★ 잉카 ★ 아스테카 편

초판 1쇄 인쇄일 | 2022년 6월 10일   초판 1쇄 발행일 | 2022년 6월 15일

지은이 | 조혜원
일러스트 | 김민정
펴낸이 | 강창용
기획편집 | 노은정
디 자 인 | 가혜순
책임영업 | 최대현

펴낸곳 | 하늘을나는코끼리
출판등록 | 1998년 5월 16일 제10-1588
주 소 | 경기도 고양시 일산동구 중앙로 1233 (현대타운빌) 302호
전 화 | (代)031-932-7474
팩 스 | 031-932-5962
이메일 | feelbooks@naver.com

ISBN 979-11-6195-176-8   73300

* 책값은 뒤표지에 있습니다.   * 잘못된 책은 구입처에서 교환해 드립니다.

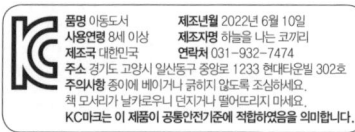

 하늘을나는코끼리는 느낌이있는책의 어린이책 브랜드입니다.

아홉 살에 처음 만나는

신비한 고대문명

마야 ★ 잉카 ★ 아스테카 편

조혜원 지음 | 김민정 그림

작가의 말

　역사라고 하면 무조건 "재미없어", "그런 건 왜 배워야 하는 거야?" 하는 친구들이 있죠? 저도 사실은 노을이처럼 역사의 'ㅇ'만 나와도 멀리멀리 도망가곤 했어요. 그런데 말이에요, 역사는 말 그대로 시간이 쌓인 이야기랍니다. 원래 이야기는 재미있잖아요. 시험공부를 하는 것처럼 외우려고만 하니까 어렵고 싫은 거예요.

　우리, 누군가에게 일어난 이야기를 들여다보기로 해요. 노을이와 시원이를 따라 멀리 중남미에서 살았던 마야, 잉카, 아스테카 사람들을 만나는 거예요. 그 사람들이 어떤 것을 먹고, 어떤 옷을 입고, 어떤 집에서 살았는지를 알고 나면 훨씬 더 친근하게 느껴질 겁니다. 마치 우리 이웃처럼요. 우리와 다른 점도 많지만 비슷한 것들도 많아서 놀랄걸요?

　한라산보다 높은 곳에서 사람이 살 수 있을까요? 바늘 하나 들어가지 않게 돌을 쌓아 올리는 일은 가능할까요?

호수 위에 밭을 만들 수 있을까요? 답은 모두 "네"입니다. 이런 것들을 가능하게 한 것이 마야, 잉카, 아스테카 사람들이에요.

  그들은 그 먼 옛날에 1년이 365일이라는 것도 계산했고, 숫자 0도 알고 있었어요. 아름답고 상상력이 뛰어난 상형문자를 사용해서 기록을 남기기도 했답니다. 별들의 움직임을 보고 앞으로 일어날 일들을 점치기도 했고, 하늘을 보며 농사에 도움을 받기도 했어요. 화려한 장식품, 도자기 같은 유물과 훌륭한 건축물도 많이 남겼지요.

  마야인들이 재배하던 카카오가 우리가 즐겨 먹는 초콜릿의 원료라는 걸 알고 있었나요? 더운 여름날이면 할머니가 쪄 주시던 옥수수를 이 사람들도 즐겨 먹었다는 걸 알고 있었나요? 이외에도 더 재미있는 이야기가 많답니다. 지금 바로 노을이와 시원이를 따라 여행을 즐겨 보세요.

등장인물

한노을

공부보다는 게임 하는 게 좋은
초등학교 2학년생입니다.
시원이와 함께 다니는 건
싫다고 했지만 사실은 여기저기
다니면서 경험하는 걸 엄청 좋아해요.

정시원

책을 좋아하고 역사에 관심이 많은
초등학교 2학년생입니다.
노을이네 집 위층에 살아요.
아는 게 많은 만큼
아는 척하는 것도 좋아해요.
아빠와 완전 붕어빵처럼 닮았어요.

시원이 아빠

배가 출렁거리는 고등학교
역사 선생님입니다.
썰렁한 농담을 가끔 하시는데
아이들 반응은 영 별로예요.
그래도 역사를 사랑하는 마음은
엄청나신 분이죠.

차례

중남미문화원이 뭐 하는 데야? ··· 10

마야 편

사라진 문명 - 찾았다, 꾀꼬리 ··· 22

상형문자의 매력 - 이보다 아름다운 문자는 없을걸 ··· 39

마야인의 신앙 - 종교는 우리와 한 몸이야 ··· 53

잉카 편

신의 자손들 - 구름 위에 사는 사람들 ··· 70

잉카인의 신앙 - 태양신에게 절하라 ··· 86

건축물과 생활 - 돌과 함께한 문명 ··· 100

아스테카 편

위대한 신 케찰코아틀

- 매가 알려준 곳에 자리를 잡아라 ··· 118

종교 의례

- 심장을 바치니 복을 주소서 ··· 129

여행은 이제부터 다시 시작 ··· 141

중남미문화원이 뭐 하는 데야?

"엄마, 그러고 갈 거야?"

"왜? 뭐가 어때서?"

엄마는 감지도 않은 머리를 질끈 묶는 거로 외출 준비 끝이다. 늘 저러고 다니는 걸 알면서 물은 내가 잘못이지.

"빨리빨리 챙겨. 시원이네 금방 온댔어."

엄마는 벌써 가방을 메고 재촉이다.

"다음에 가면 안 돼? 오늘 정수랑 게임 하기로 약속했단 말이야."

"게임이야말로 다음에 하면 되지. 이런 날이 자주 오는 줄

아니? 시원이 이모가 특별히 시간 내서 데려가 주는 거니까 고맙게 생각해."

"내가 가자고 했어? 좋으면 엄마나 가."

"공부도 되고 바람도 쐬고 좋잖아. 거긴 외국 같대. 비행기 안 타고 외국 여행하는 셈 치는 거지. 엄마는 벌써 설렌다, 얘. 어머, 왔나 보다. 얼른 나가자."

초인종이 방정맞게 울려 대는 걸 보니 시원이가 틀림없다. 시원이는 항상 세 번씩 연달아 누르는 습관이 있다.

"어휴, 저 촐랑이랑 내내 같이 있어야 한다니!"

촐랑이 시원이는 바로 위층에 산다. 작년에 이사 왔는데, 얼마나 쿵쾅거리는지 엄마가 따지러 올라갔다 오히려 친해졌다.

질문도 많고 잠시도 가만히 있지 못하는 시원이. 나는 싫은데 엄마는 무슨 일만 있으면 시원이네랑 함께할 약속을 잡는다.

"자, 다 왔습니다. 내리세요."

이모 목소리가 들렸다.

시원이 수다를 피해 잠자는 척하다가 진짜로 잠들었던 모양이다. 잠이 덜 깬 내 눈에는 붉은 벽돌을 쌓아 올린 모습만 들어왔다.

중남미문화원 마야, 잉카, 아스테카 문명의 흔적을 만나 볼 수 있어요(경기도 고양시 소재).

"시원이 이모, 여기 감옥이에요?"

"노을이 깼구나? 여긴 중남미문화원이야. 근사하지?"

내가 이모라고 부르는 시원이 엄마는 어이없는 표정을 짓다가 엄마랑 깔깔대기 시작했다.

"지난번에 서대문형무소 역사관 다녀와서 그런가? 벽돌만 있으면 감옥처럼 보이는 모양이네. 감옥 아니니까 걱정하지 말고 내려."

내려서 보니 엄청나게 크다. 처음엔 감옥인 줄 알았는데, 가까이 가 보니 성당 같기도 하고 텔레비전에서 본 외국의 성 같기도 했다.

"너, 중남미문화원이 뭐 하는 곳인 줄 알아?"

드디어 정시원이 입을 열었다.

"몰라."

나는 고개를 돌리며 말했다.

"미국은 알지? 미국 아래가 멕시코인데, 미국이랑 멕시코가 있는 땅은 북아메리카라고 불러. 아래에 또 땅덩어리가 있는데, 그게 남아메리카야. 그러니까 중남미문화원은……, 야!"

나는 시원이가 수첩에 지도 그리는 걸 보고 잽싸게 도망쳤다. 저 잘난척쟁이를 피해야 한다.

"엄마, 난 저기 있을게."

나는 붉은색 아치문처럼 생긴 곳을 손가락으로 가리켰다.

중남미문화원 전시실에 있는 유물들

"그럴래? 우린 커피부터 한잔 마셔야겠다."

엄마가 가 보라는 손짓을 해 보였다.

문처럼 뻥 뚫린 곳을 지나니 이상한 조각들이 많다. 저건 예쁜 여자고, 저건 이상한 천사구만. 저 아줌마는 담배 피우는구나. 우리 아빠는 담배 피우는 거 내가 싫다고 해서 끊으셨는데. 저건 또 뭐지? 항아리들을 하얀 벽에다 잔뜩 붙여 놨구나.

가까이 가서 볼까?

"야! 같이 가."

항아리들을 보느라 잠깐 서 있었는데, 어느새 시원이가 따라붙었다.

어휴, 망했다.

"한노을! 너는 무슨 여자애가 나보다 걸음이 빠르냐? 다리도 짧은 게!"

"너는 다리 길어서 좋겠다. 정시원."

이제는 화낼 기운도 없다.

"아까 한 얘기, 잘 못 들었지? 다시 해 줄게. 그러니까……"

"들었어. 위에는 미국이랑 멕시코가 있고 그 아래에 또 땅이 있다면서."

"맞아. 두 땅덩어리가 가늘게 연결된 부분이 있는데……"

머리가 아파져 온다. 대체 역사야, 지리야?

"우리, 저거 보러 가자."

나는 재빨리 시원이 말을 끊고 커다란 벽을 향해 뛰었다. 가운데에는 사람 얼굴이 있고 양쪽에는 사람이 막 뛰어가는 모습이 새겨진 벽이다. 가까이 가 보니 멀리서 볼 때보다 훨씬 높고 길다.

"우와, 이건 뭐지?"

"이런 데 오면 안내판 좀 읽어라. 여기 '마야벽화'라고 쓰여 있잖아."

어느새 따라 온 시원이가 또 잔소리다.

"마야벽화? 그게 뭔데?"

"마야 문명 몰라? 넌 나 만나서 행운인 줄 알아라. 내가 웬만한 건 다 알거든."

중남미문화원 야외전시장

잘난척쟁이 정시원. 얄미워 죽겠다. 역사 선생님인 아버지 닮아서 역사라면 자다가도 벌떡 일어난다더니 우리나라 역사만 좋아하는 게 아니었어?
"별로 안 궁금하거든!"
"설명해 준다니까."
"알고 싶지 않다니까. 아, 머리 아파."
그런데 머리를 만지다가 마야벽화에 손가락 끝이 쓸리고 말았다.
"아얏! 뭐 이런 게 다 있어!"
나는 화가 나서 손바닥으로 벽화를 세게 쳤다.

17

"왜 그래?"

"이것 때문에 손가락을 다쳤잖아."

"너, 이제 큰일 났다. 그 마야벽화를 함부로 대하면 꿈에 나타나 저주를 건댔어!"

"거짓말 마."

"진짜야."

"그런 거 안 믿어."

나는 아무렇지 않은 척 그 자리를 떴다. 찜찜한 기분에 다른 곳은 대충 둘러보고 집으로 향했다. 차가 많아 길이 밀리는 통에 잠깐 잠이 들었는데, 시원이 말대로 마야벽화 속 얼굴이 꿈에 나타났다.

"감히 네가 내 귀한 얼굴을 쳤으니 그 벌로 너에게 저주를 내릴까 한다. 허나, 나는 관대한 신이니 두 가지 중 하나를 선택할 기회를 주겠다. 평생 제일 싫어하는 오이만 먹고 살게 해 줄까, 아니면 마야 문명을 공부해서 나에 관해 제대로 알아보겠느냐?"

"고, 공부할게요."

가슴이 어찌나 두근거리는지 말까지 더듬으며 겨우 대답을 했다.

"흥, 말로만 하는 공부라면 각오해야 할 거다. 제대로 하지 않으면 매일같이 나타나 괴롭혀 줄 테니 그리 알라."

"으악!"

험악한 얼굴을 바짝 들이미는 바람에 놀라 잠이 깼다.

"너, 그 꿈 꿨지?"

시원이가 다 안다는 표정으로 물었다.

"응. 공부 안 하면 나한테 저주를 내리겠대."

사라진 문명
- 찾았다, 꾀꼬리

토요일 오전 10시. 나는 무거운 발걸음으로 시원이네로 갔다. 내 꿈 얘기를 들은 아저씨는 앞으로 여덟 번, 시원이와 함께 역사 여행을 하자고 하셨다. 시원이와 아저씨는 신난 표정으로 재미있을 거라고 했지만 난 이제 망했다. 재미도 없는 역사 여행을 여덟 번이나 어떻게 한담.

"어서 와. 저 방에서 기다리고 있어."

시원이 이모는 '들어오지 마시오'라고 쓴 방으로 나를 밀어 넣었다. 벽을 빙 둘러 책이 가득한 책장과 가운데 커다란 책상, 의자 네 개가 전부인 방이었다. 시원이는 책상 아래 뭔가 감추고 있는 눈치다.

"노을이는 시간을 잘 지키네. 이제 시작해 볼까?"

아저씨가 눈짓하자 시원이가 감추고 있던 걸 꺼냈다.

"너, 이런 거 처음 보지?"

"텔레비전에서 보긴 했는데……."

시원이가 들고 있는 건 잠수할 때 쓰는 시커먼 물안경처럼 생겼다.

"이건 VR기기라는 거야. 실제로는 없지만 진짜 있는 것처럼 보이게 해 주는 안경이라고 생각하면 돼."

아저씨가 뭐라고 하시는 건지 모르겠지만 일단 시원이가 쓰는 걸 보고 나도 따라서 썼다.

돌로 만든, 엄청나게 큰 건물이 눈앞에 나타났다.

"엄마야!"

"하하, 놀랐니? 처음엔 나도 그랬단다. 그래도 안 가 본 곳을 직접 보는 것 같은 느낌이 좋지? 너희들하고 역사 공부한다고 했더니 친구가 마야, 잉카, 아스테카 자료를 꼼꼼하게 찾아서 넣어 줬어."

엄마야! 완전 신기해. 대박~~

마야 툴룸 고성 유적지

"지금 보고 있는 건 툴룸 **고성***이란다. 오늘은 마야에 대해 알아볼 거야. 그러니까 우리가 보고 있는 건 마야인의 **유적지***지. 마야인의 뿌리는 지금의 미국과 캐나다 원주민이었어. 중앙아메리카를 지배했던 마야인들은 아주 똑똑했단다."

"옛날 사람들인데 똑똑한 걸 어떻게 알아?"

★ **고성** 옛날에 지어진 성.
★ **유적지** 유물이나 유적이 있는 장소.

시원이가 말했다.

"그들이 남겨 놓은 걸 보면 알 수 있어. 무엇보다 마야인들은 신의 뜻을 알기 위해 아주 많이 노력했지. 그래서 하늘을 관찰하는 천문관측학과 수학이 엄청나게 발달했어. 게다가 0이라는 개념도 알고 있었고 말이야."

"0은 저보다 어린 애들도 다 아는데요?"

"0이 별거 아닌 것 같지만 얼마나 중요하냐면 말이지, 예를 들어 노을이가 아이스크림을 사 먹기 위해 시원이한테 400원을 빌렸어. 그런데 0이 없으면 어떻게 표시할 방법이 없으니 4원만 돌려주게 되겠지?"

"그건 안 되지!"

시원이는 진짜 내가 빌린 돈을 떼먹기라도 한 듯 씩씩거렸다.

"말이 그렇다는 거야. 그리고 0은 기준점이 되어 준단다. 우리가 1층, 2층, 지하 1층 이렇게 나누는 것도 0이 기준이 되어 주니까 가능한 거야. 기준이 없으면 어디서부터 세어야 할지 알 수가 없거든."

0이 없으면 우리 집은 20층도 될 수 있는 건가?

"멀리 뛰기를 하는 것도 0이 기준점이 되어 1미터를 뛰었네,

2미터를 뛰었네, 하고 거리를 잴 수 있는 거야. 이런 0을 그 당시 마야인들이 알고 있었다는 게 놀랍지 않니? 그것뿐만 아니라 신들만의 숫자인 20진법을 쓰기도 했대."

"20진법?"

시원아, 대충 넘어가자. 그건 왜 물어보는 건데!

"옛날 사람들은 수를 셀 때 손가락을 사용했어. 손가락이 다섯 개니까 하나, 둘, 셋, 넷, 다섯, 이렇게 5개씩을 묶어 셌겠지? 이게 5진법. 그러다가 양손을 다 쓰면 10개가 한 묶음이 되는 10진법. 양손과 양발을 다 써서 20개씩 세는 건 20진법이야."

"그럼 그곳 애들도 골치 아프게 수학 공부를 했겠네요? 옛날에는 그냥 놀기만 한 거 아니에요? 열매 따고 물고기 잡고."

나도 모르게 투덜거렸다.

"원시인이냐? 물고기 잡고 열매 따게?"

시원이가 핀잔을 주었다.

> 20진법?
> 하나…, 둘…, 셋…, 넷…, 다섯…

"열매를 따고 물고기 잡는 일도 당연히 했겠지. 그러면서 다른 일도 함께했을 거야. 마야인들은 시간을 엄청 중요하게 생각했거든. 시간의 흐름을 잘 알게 되면 우주를 지배하는 신도 만날 수 있다고 생각했대. 그래서 신이 자신들에게 무슨 말을 하고 싶은지 알기 위해 시간의 질서를 표시할 수 있는 달력을 만들기로 했어. 여기서 문제! 1년은 며칠일까?"

"365일!"

나와 시원이가 동시에 대답했다.

"맞아. 우리는 그렇게 알고 있지. 하지만 세계 모든 나라가 공통으로 사용하는 달력인 **그레고리력**[★]에서 보면 실제 1년은 365.2422일이야. 그런데 마야인들이 만든 달력에서도 1년이 365.2420일이란다. 엄청나지? 2천 년 전에 어떻게 이런 계산을 했을까?"

"컴퓨터?"

나는 자신이 없어 속삭이듯 말했다.

★ **그레고리력** 1582년 로마 교황 그레고리우스 13세가 원래 있던 율리우스력을 고쳐서 만든 태양력(지금의 양력은 이것을 따라 합니다).

"야, 그땐 컴퓨터가 없었잖아."

시원이는 내가 실수할 때만 노리는 독수리 같다. 그냥 말해 본 건데.

"컴퓨터는 없었지만 그만큼 마야인들 계산 능력이 뛰어났다는 거지. 아까 마야인들이 신의 뜻을 알기 위해 노력했다는 얘긴 했지? 그들은 신을 **숭배**★하기 위해 '테오디와칸'이라는 도시를 건설했단다. 도시의 모든 건물을 약 100킬로미터나 떨어진 곳에서 옮겨 온 돌로 지었어."

"100킬로미터가 얼만큼인데요?"

"100킬로미터면 서울에서 천안까지 가는 거리야. 그때는 지금처럼 차가 있는 것도 아닌데 어떻게 옮겼을까? 게다가 그 큰 돌들을 하나씩 쪼아서 바람도 안 들어갈 만큼 정교하게 만들었어. 더 놀라운 건 주요 건물들 위치가 **태양계**★ **행성**★ 모습을 그대로 본떴다는 거야."

★ **숭배** 우러러 공손히 받들어 모심.
★ **태양계** 태양과 그것을 중심으로 공전하는 천체의 집합을 말함(수성·금성·지구·화성·목성·토성·천왕성·해왕성 등 여덟 개 행성, 50개 이상의 위성, 소행성, 혜성 등을 포함함).
★ **행성** 태양 주위를 타원 모양을 그리며 돌고 있는 천체를 모두 말함(수성·금성·지구·화성·목성·토성·천왕성·해왕성 등 여덟 개가 있음).

팔렌케 고성

"아빠, 태양계는 태양을 중심으로 수성, 금성, 지구, 화성, 목성, 토성, 천왕성을 말하는 거지?"

쟤는 저렇게 아는 척을 하고 싶을까?

"맞았어. 그땐 망원경도 없었는데 대단하지? 그런데 이상한 일이 생겼어. 이런 훌륭한 문명을 만든 사람들이 서기 900년 쯤에 뿅 하고 사라진 거야."

"마술을 부렸나?"

"마술같이 사라지긴 했지. 사람들은 마야 문명이 왜 사라졌

느지 찾기 위해 노력을 많이 했어. 그래서 겨우 이유 몇 가지를 찾았지. 멕시코 사람들이 너무 자주 쳐들어와서 그렇다, 교역의 중심이 북부 지역으로 옮겨 가서 가난해져서 그렇다, 가뭄이 들고 식량이 부족해지니 전염병이 돌아서 그렇다, 이렇게 말들이 많았지. 정확한 건 아직도 몰라."

"교역은 또 뭐야?"

"교역은 물건을 서로 바꾸는 걸 말해. 너희들이 문구점에 가서 돈을 주고 연필이나 지우개를 사는 것처럼 말이다."

"마야인이 이제 사라졌으니까 끝났겠네요?"

"아니야. 사라졌던 그들을 찾아냈어."

아저씨는 다급하게 손을 휘저으셨다.

"누가 찾았는데?"

"들어 봐. 당시에는 냉장고가 없어서 고기를 보관하기가 쉽지 않았어. 여름 같은 날씨엔 금방 상했겠지? 그래서 조금이나마 상한 냄새를 가리기 위해서는 후추나 정향 같은 강한

후추를 구하러 다들 인도로 가려고 했지.

향신료*가 필요했단다. 후추는 잘 알지? 정향도 비슷한 거야. 이런 건 인도에 많았기 때문에 다들 인도로 가고 싶어 했어."

"사 먹으면 되잖아요. 뭐하러 그곳엘 가요?"

"하하. 노을이 말이 맞네. 사 먹으면 되지. 그런데 돈을 벌고 싶어 했거든. 자기들이 사다가 팔면 엄청난 부자가 될 테니까 말이다. 그런데 인도로 가는 길은 이슬람군이 막고 있었어. 그래서 기독교인이 대부분인 유럽 사람들이 인도로 가려면 뱃길을 이용하는 수밖에 없었지. 아프리카 대륙을 크게 한 바퀴 돌아서 말이야. 그런데 비용이 너무 많이 들었어. 그때 짠 하고 나타난 사람이 누구였을까? 힌트는 무슨 무슨 버스야."

"버스? 어디 가는 버스요?"

"야, 타는 버스겠냐? 정답! 콜럼버스."

후추 사러 인도까지 간다고??
난 동네서 사 먹는데…
맛있겠다~~ 쩝쩝~

★ **향신료** 음식물에 맵거나 향기로운 맛을 더하는 조미료. 깨·고추·후추·생강·마늘 따위.

내가 누구냐고? 콜럼버스지!

척척박사 시원이가 돌아왔다.

"힌트가 이상했나? 미안하다, 노을아. 콜럼버스가 맞아. 콜럼버스는 이렇게 생각한 거야. '인도는 동쪽에 있는데 지구는 둥글단 말이지. 그럼 서쪽으로 계속 가다 보면 인도에 도착하겠구나'. 그래서 스페인 여왕 이사벨에게 찾아가 인도에서 향신료를 갖고 오면 부자가 될 거라고 얘기를 한 거지."

"스페인 여왕도 욕심이 많았나 보네요."

"나라가 부자가 되는 걸 바란 거야. 그렇게 콜럼버스가 출발했는데, 막상 그가 발견한 건 인도가 아니라 아메리카 대륙이었어. 그때 만난 사람들이 바로 마야인의 후손들이었지. 그들이 갖고 있던 엄청난 양의 카카오와 도자기들을 **물물교환***하기도 했어. 그들이 유럽에 갖고 간 이 물건들은 나중에 끔찍한 일을 몰고 오게 돼."

★ **물물교환** 물건과 물건을 직접 바꾸는 일.

"무슨 일인데요? 카카오가 다 썩어서 화가 났대요?"

내가 말하자 시원이는 어이없다는 듯 고개를 흔들었다.

"아니야. 그런 거라면 열매만 가져가면 될 텐데, 스페인 함대가 마야의 후손들이 사는 곳으로 쳐들어와서 모든 걸 다 빼앗아 버렸어. 그들이 가져간 물건 중에 황금으로 만든 게 많았기 때문에 그걸 본 더 많은 스페인 사람들이 쳐들어왔지. 보렴, 이런 조각품들이 황금이라면 다들 욕심이 났겠지?"

아저씨 손짓에 따라 다시 VR기기를 쓰자 용감한 군인 같은 사람이 의자에 앉아 있는 조각상이 나타났다.

"살아남은 그들은 사람들이 찾기 힘든 곳으로 숨어 들어가 살게 됐어. 그래서 150년은 평화롭게 살 수 있었지. 하지만 이번에는 유럽 천주교 **신자***들이 들어오는 바람에 그들의 종교를 잃게 됐어."

↱ 마야 귀족의 조각상

★ **신자** 종교를 믿는 사람.

"종교가 물건도 아닌데 어떻게 잃어?"

"그 종교를 믿지 못하게 했다는 거지. 종교를 잃었다는 건 마야인의 혼*이 사라진 거라고도 할 수 있어. 결국 천주교가 들어오면서 마야인의 고유한 문자를 쓰고 해석할 수 있는 사람들이 사라져갔지. 그러면서 마야 문명도 사람들 기억 속에서 잊힌 거야."

"일본도 우리한테 그랬잖아."

시원이는 주먹까지 불끈 쥐며 말했다.

"시원이 말대로 일본이 우리 땅을 강제로 지배하면서 우리말과 글을 못 쓰게 하던 때가 있었지. 강제로 일본말과 글을 배우라고도 했고. 그래도 우리 것을 지키려고 노력한 수많은 사람 덕분에 지금 이렇게 잘살고 있는 거란다. 아무튼 마야 문명은 그렇게 영원히 모습을 감추었을까?"

"안 그랬을 것 같아요."

"맞아. 저런 걸 우리가 볼 수 있게 해 준 사람들이 있었단다."

우리 앞에 다시 돌로 만든 웅장한 건물들이 나타났다. 입이

★ 혼 넋. 얼. 정신. 영혼.

떡 벌어지는 광경이었다.

"1786년에 스페인 출신 탐험가인 안토니오가 멕시코 남동쪽에 있는 유카탄반도에 갔을 때야. 안내를 맡은 현지인과 짐꾼들을 데리고 밀림을 헤쳐 나가는데, 산속에서 이상한 돌멩이를 하나 발견한 거지. 깊은 산속에 벽돌 모양 돌멩이가 있다는 게 아무리 생각해도 이상한 거야."

"그게 뭐가 이상해요? 숲에도 돌이 있잖아요?"

"돌은 있지만 그건 건물을 지을 때 사용하던 벽돌이었거든. 사람이 만든 벽돌이 있는 걸 보고는 이곳에 사람들이 살았을지도 모른다는 생각을 한 거지. 그래서 사람들에게 나무와 풀을 베어 내라고 했어. 그렇게 17일째 나무를 베었더니 계단과

팔렌케 궁전

기둥이 나타났어. 조금 더 하니까 **신전***이 나타났고, 나중에는 거대한 도시를 발견할 수 있었던 거야."

"엄청 놀랐겠네요?"

내가 안토니오가 된 것 같은 기분이 들었다.

"그 모습을 보고 안 놀랄 사람은 없을 거다. 유럽으로 돌아온 안토니오는 자신이 경험한 걸 얘기했어. **유물***이랑 화가가 그린 그곳 그림도 보여 주고 말이야."

"다들 가 보고 싶어 했겠네."

"응. 그 후로 네덜란드 출신 고고학자 뒤뷔크는 마야인들이 살았던 옛 도시 팔렌케를 탐험했어. 1891년부터 1895년까지는 미국 하버드 대학 피바디박물관에서 **코판***지역을 네 차례나 **탐사***했어. 이런 노력 끝에 잃어버린 마야 문명은 다시 사람들 앞에 모습을 드러내게 된 거야. 자, 슬슬 배도 고픈데 오늘은 여기까지 할까?"

시원이는 내 눈앞에 종이 한 장을 내밀었다. 시원이 이름 아래에 막대기 두 개, 내 이름 아래에도 막대기 두 개가 그어져 있었다.

"이번엔 내가 봐줬다. 다음부턴 국물도 없어."

"이게 뭔데?"

"문제 맞힌 거잖아. 다음엔 내가 꼭 이길 테니 각오해."

★ **신전** 신을 모시기 위해 만든 건물.
★ **유물** 유적에서 발견한 물건.
★ **코판** 마야 제국의 대도시 유적 지역.
★ **탐사** 샅샅이 더듬어서 조사함.

신들의 음식, 카카오

카카오나무

카카오나무는 아메리카 열대 지방에서 자라는 높이 10미터 정도의 작은 나무랍니다. 길쭉한 타원형 열매가 열리는데, 1753년에 스웨덴 식물학자가 '테오브로마 카카오'라는 학명*을 붙였어요. '테오브로마'는 '신들의 음식'이라는 뜻이랍니다.

마야인들은 서기 600년경부터 카카오를 이용해서 특별한 음료수를 만들어 먹기 시작했는데, 유럽인들에게 전해진 건 14~16세기예요. 이후에 카카오는 왕족과 귀족들의 음료가 되었고, 산업혁명* 이후에는 지금 우리가 먹는 고체 상태의 초콜릿이 만들어졌어요.

카카오는 기분도 좋아지고 힘이 나게 하죠. 또 집중력에도 도움이 되고 우리 몸에 있는 나쁜 유해산소를 없애주는 역할도 해요. 그리고 모공*을 깨끗하게 만들어 주기도 한다니 예뻐지고 싶은 사람들은 적당히 먹는 것도 좋겠죠?

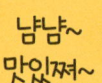

냠냠~ 맛있쪄~

★ **학명** 라틴어로 표기하는 동식물의 세계 공통적인 이름.
★ **산업혁명** 18세기 후반부터 약 백 년간 유럽에서 발명된 기계 및 증기 기관 등으로 인해 생산 기술이 발전한 것을 말한다.
★ **모공** 얼굴에 난 털구멍.

상형문자의 매력
- 이보다 아름다운 문자는 없을걸

"빵 냄새다!"

"오랜만에 만들어서 맛은 장담 못 해!"

시원이 이모는 한쪽 눈을 찡긋거리며 쟁반을 넘겨주었다. 폭신폭신한 카스텔라와 우유 석 잔. 굽고 오길 잘했네.

"이상한 그림이지? 0에서 13까지 마야인들이 상형문자로 나타낸 숫자들이야."

→ 0에서 13까지를 나타낸 마야 상형문자

　VR기기를 쓰자 나타난 그림은 정말 이상하게 생겼다. 물어 볼 걸 예상한 듯 아저씨가 먼저 설명해 주었다.

　"상형문자가 뭔데요?"

　"말이 나왔으니 오늘의 문제! 너희도 아는 한자야. 여기 써 볼게. 月은 무엇을 나타낸 글자일까?"

　"달!"

　아깝다. 나도 아는 건데.

　"그렇지. 그럼, 日은 무엇을 나타낸 글자일까?"

"해요."

아싸! 이번엔 내가 이겼다.

"다들 잘 아는구나. 이렇게 물건의 모양을 그대로 본떠 만든 문자를 상형문자라고 한단다. 처음에는 비슷하게 그림을 그린 것에서 시작했어. 이집트의 상형문자, **수메르인***들의 그림문자, 중국의 한자도 다 상형문자야. 우리가 쓰는 한글은 표음문자라고 하는데, 이건 사람이 말하는 소리를 기호로 나타난 글자란다. 문제 하나 더 내 볼까? 세계에서 가장 많은 사람이 사용하는 문자가 뭘까?"

"영어!"

시원이가 자신 있게 대답했다.

"땡!"

"중국의 한자?"

"노을이 정답!"

"아빠, 그럼 영어를 왜 배워? 한자를 배워야지. 영어를 제일 많이 쓰니까 다른 나라 사람들도 영어를 배우는 거잖아?"

★ **수메르인** 메소포타미아(오늘날의 이라크 남부 지방)에서, 세계에서 가장 오래된 문명을 만든 사람들.

"그 말도 맞아. 하지만 들어 봐. 세계 인구가 78억 정도 되는데, 그중에 중국 인구가 14억이야. 그러니 가장 많은 사람이 쓰는 문자가 된 거지. 그다음으로 스페인어가 2위고, 3위가 영어야."

"우리나라도 중국처럼 14억쯤 되면 좋겠다. 그럼 다른 나라 사람들 모두가 한글을 배우려고 할 거 아냐?"

"시원이가 100명쯤 낳으면 될 것 같은데?"

"100명을 다 어떻게 키워?"

진짜 100명이라도 낳으라고 한 것처럼 눈이 동그래진 시원이를 보며 나와 아저씨는 깔깔대며 웃었다.

"근데 이 숫자들은 엘리베이터에서 본 점자 비슷해요."

"노을이 관찰력이 아주 좋구나! 맞아. 그림으로 표시하기도 했지만 옆에 그어 놓은 점과 선으로 숫자를 나타낸 거야."

"0, 1, 2, 3, 4, 이렇게 쓰면 금방인데 만약 이 그림을 다 그려야 했다면, 어휴, 힘들었을 것 같아요."

"그러니 우리는 아라비아숫자를 알게 된 걸 감사해야겠구나. 자, 다른 자료를 보자."

"붕어빵처럼 생겼어요!"

내 눈앞에 나타난 건 정말이지, 네모난 빵틀에서 찍어 낸 오동통한 붕어빵 같았다.

"하하. 그렇게도 볼 수 있겠구나. 만화처럼 재미있게 생겼지만 마야인들이 쓰던 상형문자란다. 상형문자는 사물과 비슷하게 만들어. 그렇지만 만드는 사람들의 생각이나 상상력이 들어 있어. 마야인들은 이 작은 네모 안에 자연과 영혼의 소리는 물론이고 바라는 것들까지도 모두 넣었단다. 이상하게 생겼지만 모든 문자마다 정확한 음과 뜻이 들어 있어."

"그럼 아빠는 이걸 읽을 수 있어?"

문자가 꼭 이 붕어빵처럼 생겼네.

티칼에 있는 신전에 새겨진 상형문자

43

흠, 100년이나 연구했는데 알아낼 수 없었다고?

"아빠는 모르지. 그렇게 쉬운 게 아니야. 이걸 연구하는 박사님들도 오랜 시간에 걸쳐서 겨우 알아낸 거야. 마야 문자를 처음 본 유럽 고고학자들도 너처럼 단순하게 생각했대. 자신들의 조상이 썼던 **라틴어**★와 비슷하지 않을까 생각한 거지. 그런데 어떻게 해도 알아낼 수가 없었어. 100년을 연구했는데도 말이야."

"100년이요? 사람이 어떻게 100년을 살아요?"

눈이 동그래져서 묻는 나를 보고 아저씨가 빙그레 웃으셨다.

"한 사람이 100년 동안 연구한 건 아니고 여러 사람이 이어서 했지. 처음에는 프랑스 학자 보르보우지란 사람이 '란다의 기록'이라는 중요한 **문서**★를 발견하면서 마야 문자를 겨우 해석할 수 있었어."

★ **라틴어** 옛 로마에서 쓰이고, 로마 제국 전성기에는 유럽 전역에 퍼져 오늘날의 이탈리아어·프랑스어 등의 근원이 된 말.
★ **문서** 글이나 기호 등으로 생각을 표현한 것.

"나도 일기 매일 써야겠다. '시원이의 기록'으로 남겨 주면 다들 좋아하겠네."

못 말려, 정말.

"그 뒤에 이집트 상형문자 전문가인 노로솝이라는 언어학자가 특이한 주장을 했어. 마야 문자는 표음문자와 표의문자가 섞인 문자라고 말이야."

"그게 무슨 말이야?"

시원이 너도 모르겠지? 난 더 모르겠어.

"표음문자는 우리 한글이나 영어처럼 소리를 기호로 나타낸 글자이고, 표의문자는 상형문자나 그림문자처럼 눈에 보이는 모습을 뜻으로 나타낸 문자를 말해. 그러니까 예를 들면 한글과 이집트 상형문자가 섞인 거란 얘기야."

"아니, 이렇게 복잡한 걸 그 사람들은 어떻게 배웠대?"

"어려웠지. 그래서 사람들 대부분은 집안일이나 농사 기술을 배우는 거로 만족해야 했어. 상형문자는 성직자나 귀족, 그리고 기록을 담당한 서기 같은 사람들만 배웠지."

'시원이의 기록'을 남기자!

"그래서 세종대왕님이 훌륭하신 거지."

"다른 업적도 많지만 한글을 만들어 주셨으니 얼마나 고마운 일이냐. 안 그러면 우리는 한자를 배우느라 골치 좀 아팠을 텐데 말이다."

"감사합니다! 세종대왕님!"

시원이는 마치 세종대왕님이 앞에 계신 것처럼 장난스럽게 넙죽 절을 했다.

"당연히 감사하는 마음을 가져야지. 아무튼 이렇게 하나하나 풀어 나가다 보니까 조금씩 해석이 가능해졌어. 너희가 보고 있는 이 조각은 '하늘의 괴물'이라고 써 놓은 거야."

"이렇게 귀여운 괴물도 있어요?"

"안 무섭니?"

"목걸이로 만들어서 걸고 싶어요."

"나도 그냥 강아지가 입 벌리고 웃는 거 같은데?"

시원이다운 대답이다.

"단순히 그림으로만 본다면 그럴 수도 있겠지. 이렇게 독특한 마야 문자가 850여 개 정도야. 그중 3분의 1 정도는 '란다의 기록' 덕분에 해독이 되었는데, 나머지는 아직도 못 읽어 낸대. 재미난 얘기 하나 해 줄까? 이

강아지가 입 벌리고 웃는거 같네.

'하늘의 괴물'이란 문자가 새겨진 조각

란다라는 사람은 그 당시 기독교를 전파하기 위해 들어온 주교였어."

"교주가 뭐예요?"

"교주가 아니라 주교야. 천주교 성당에 계신 신부님과 비슷한 분이라고 생각하면 돼. 그가 쓴 '란다의 기록'에는 마야 문자와 라틴 문자를 하나하나 짝지어 놓은 **일람표**[★]가 있었지. 그거로 마야 문자를 해독하는 데 쓴 거야."

"와, 진짜 훌륭한 일을 해냈네요."

"그런데 엄청난 업적을 남긴 사람이 마야 문명을 없애는 것에도 앞장을 섰어. 처음에는 마야어를 배워서 마야어로 **설교**[★]를 하기도 했지. 그런데 마야 유물에서 사람을 **제물**[★]로 바친 증거를 보자 화가 난 거야. 마야의 문화와 종교가 악마가 남긴 것이라며 마야 문자로 기록된 책을 모두 불태워 버렸어. 그때 불타 없어진 책이 수천 권이야."

★ **일람표** 여러 가지 사항을 한 번에 알 수 있도록 꾸며 놓은 표.
★ **설교** 종교의 교리를 설명함. 또는 그런 설명.
★ **제물** 제사 때 바치는 음식이나 물건.
★ **정교한** 솜씨나 기술이 자세하고 빈틈없이 꼼꼼함.

"남의 나라 걸 왜 자기 맘대로 해요?"

"당연히 안 되는 일이지. 그런데 자신들이 하는 일은 다 옳다고 생각해서 그런 어리석은 일을 저지르고 말았어."

"책이 다 타 버렸다면서 마야 문자는 어디서 발견한 거야?"

곰곰이 생각에 잠겨 있던 시원이가 물었다.

"오! 좋은 질문이야. 마야 문자는 주로 신전이나 비석, 담장이나 도기, 그리고 사슴 가죽에서 발견할 수 있었어. 코판에 있는 피라미드에는 8미터 넓이의 계단에도 **정교한*** 문자가 새겨져 있는데, 계단이 자그마치 90개야. 이걸 '상형문자의 계단'이라고도 부르지."

"피라미드는 이집트에 있는 거잖아요?"

"이집트에 있는 피라미드가 유명하긴 하지만 다른 나라에도 피라미드가 있어. 멕시코에는 이집트보다 훨씬 많은 피라미드가 있지. 그리고 수단이라는 나라에도 300개가 넘는 피라미드가 있다고 해."

"아빠, 피라미드는 무덤이지?"

시원이 말에 나도 모르게 고개를 끄덕였다. 피라미드에서 미라가 쓰윽 나오는 영화들이 생각났다.

"확실하게 말할 수는 없어. 이집트에서 피라미드는 영혼이 쉬는 곳으로 여겨졌어. 하지만 멕시코나 중앙아메리카 쪽에서는 제사를 지내는 곳으로 쓰였거든."

눈앞에 새로운 그림이 나타났다. 텔레비전을 그린 것 같기도 하고 세 발 달린 문어 같기도 했다. 동글동글하고 귀여운 느낌이었다.

"아저씨, 이 그림도 마야인들이 그린 거예요?"

"이것도 상형문자야. 달을 나타내는 문자란다. 여기서 문제! 세계에서 가장 과학적인 문자는 뭘까?"

"한글!"

나는 시원이와 짠 것처럼 한목소리로 대답했다.

"그렇지. 그럼 세계에서 가장 예술적인 문자는 뭘까?"

"마야 문자!"

통했나? 이번에도 같은 대답이 나왔다.

"이야! 오늘 보람 있네. 마야 문자는 이집트 상형문자보다 훨씬 아름다운 문자로 평가를 받고 있거든. 상상력이 곁들여진 덕분이지. 상상력이 중요하다는 말씀! 상상력을 키우려면 역시 책을 읽어야겠지? 시원이도 역사책만 읽지 말고 오늘은 창작

동화를 좀 보는 게 어때?"

"으악, 시원이 살려!"

↪ 1년 중 각 달을 나타내는 상형문자

마야문자는
만화에 나오는
그림 같기도 해!

《포폴 부》를 아나요?

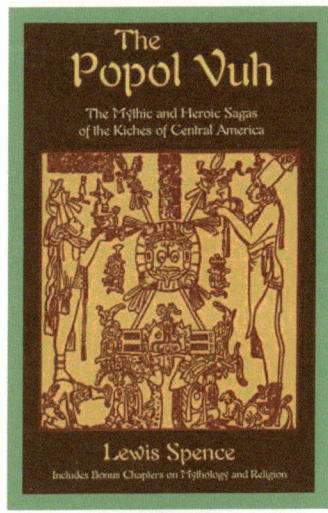

포폴 부

《포폴 부》는 키체족이라 불리는 마야의 한 부족이 1554년과 1558년 사이에 있었던 자신들의 우주관과 신앙에 관해 기록한 책입니다. 제목은 백성들의 책으로 되어 있지만 마야인의 성서* 주제에 따라 네 부분으로 나뉘어 있어요.

첫 번째 장은 세상이 어떻게 만들어졌는지를 보여 줍니다. 두 번째 장은 마야인들의 신화에 나오는 두 쌍의 쌍둥이가 어떤 업적을 이뤘는지를 다뤘고요. 세 번째 장에서는 옥수수를 반죽해서 4명의 인간을 만들어 낸 이야기가 나옵니다. 그래서 마야인들을 '옥수수의 후예'라고도 불러요. 마지막 네 번째 장에서는 키체족의 역사와 키체족을 이끌어 온 귀족들을 신처럼 묘사*한 것으로 끝을 맺고 있답니다.

아쉽게도 《포폴 부》 원문은 사라진 상태예요. 지금까지 남아 있는 《포폴 부》 사본은 도미니크회 수사였던 프란시스코 히메네스가 스페인어로 번역해 놓은 거예요.

★ **성서** 종교의 가르침을 기록한 책.
★ **묘사** 어떤 대상이나 사물·현상 따위를 글로 표현하거나 그림을 그려서 나타냄.

마야인의 신앙
- 종교는 우리와 한 몸이야

"이모, 이거요."
나는 엄마가 통에 담아 준 음식을 건넸다.
"이게 뭐야?"
"어제 할아버지 제사 지냈거든요."
"전이랑 나물에 물김치까지! 오늘 점심은 비빔밥이다!"
시원이 이모는 콧노래까지 부르며 음식을 받았다.
"제사 지냈다고?"
문을 열고 들어서자 아저씨가 물으셨다.
"네, 어젯밤 늦게요. 그래서 지금 졸려요."
"졸리면 잠부터 깰 수 있게 질문부터 할까?"
"아빠, 어려운 문제로 내줘. 노을이가 나보다 1점 앞서 있단 말이야."

시원이가 눈을 부릅뜨고 주먹까지 꼭 쥔 걸 보니 피식 웃음이 나왔다. 나를 그렇게 쉽게 이기려고?

"자, 퀴즈 갑니다. 마야인들은 많은 신을 섬겼다고 해. 그걸 다 셀 순 없지만 주요 신들은 몇 명일까?"

"저요! 30명?"

"노을아, 그건 너무 많은데? 좀 줄여 봐."

"그럼 20명!"

시원이가 잽싸게 끼어들었다.

"땡!"

"그럼 15명인가요?"

"조금만 더 줄여 봐."

아저씨는 아깝다는 표정을 지었다.

"10명! 맞지, 아빠?"

"맞았어. 10명이야. 유물이나 문헌을 보면 10명의 신이 자주 등장한단다. 마야인들은 그들이 우주를 구역별로 나누어 관리한다고 여겼어."

"우주를 관리한다는 걸 어떻게 알았대요? 망원경도 없었다면서요?"

"노을이가 좋은 질문을 했어. 마야인들은 별들이 움직이는 모습을 보면서 신이 보내는 신호라고 생각했어. 별이 이렇게 움직였으니 우리 왕조가 번성하겠구나, 아니면 이번엔 좋지 않은 일이 생기겠구나, 하고 생각한 거지. 그리고 농사를 지을 때 필요한 정보들도 신들이 보내 준다고 생각했단다."

"삐삐삐삐, 지금부터 씨를 뿌려라. 삐삐삐삐, 오늘은 잡초를 뽑아라. 뭐 이렇게?"

"신의 뜻을 읽는 사람들이 있어서 별들의 움직임을 보고 알려준 거야."

욱스말 목조 피라미드

이집트에만 피라미드가 있는줄 알았는데…

"또 마야인들은 신들이 초능력이 있어서 시간과 공간을 자유롭게 넘나든다고 생각했어."

"시간과 공간을 어떻게 한다고?"

"예를 들어 볼게. 지금 내가 신의 능력이 있는 사람이라고 생각해 보자. 나는 시원이가 태어나던 그 날이 보고 싶어. 그러면 이 자리에서 2014년 7월 11일 하나병원으로 가는 거지. 그렇게 되면 시간은 2022년에서 2014년으로 간 것이고, 공간은 이 방에서 하나병원으로 이동한 거야."

"알겠다. 진짜 엄청난 초능력이네. 마야 신들은 좋겠다. 나도 내가 태어나던 순간을 보고 싶은데."

시원이, 넌 태어나던 그 순간에도 아주 밉상이었을 거다.

"너희들은 우주라고 하면 어떤 생각이 드니?"

"태양도 있고 달도 있고 은하수도 있고 별도 많은 곳이요."

"마야인들이 생각하는 우주는 우리가 생각하는 우주와 매우 달랐어. 우리가 사는 세상인 이승과 죽은 사람들이 산다고 알려진 저승이 하나가 된 공간을 우주라고 생각했지. 시간과 공간, 이승과 저승이 우주에서 만나 뒤섞인다고 여겼던 거야."

"그럼 저도 우주에 가면 돌아가신 할아버지도 만날 수 있겠네요?"

갑자기 나를 귀여워해 주시던 할아버지가 생각났다.

"마야인들은 그렇게 생각했으니까 노을이도 마야인이 되었다고 생각해 보렴. 분명 할아버지도 볼 수 있을 테니."

나는 눈을 감고 속으로 '나는 마야인이다.'라고 외쳤다. 할아버지의 웃는 얼굴이 눈앞에 나타났다가 사라지는 것 같은 기분이 들었다.

"보였어요! 할아버지가 보였어요!"

"거짓말하지 마!"

시원이가 콧방귀를 뀌었지만 나는 틀림없이 할아버지를 본 거라고 믿을 거다.

"뭐든 믿는다는 게 중요하지. 그럼 마야인이 사용한 달력에 나타난 1년은 며칠일까?"

"365일!"

시원이도 나도 같은 대답을 했다.

"260일이야."

"왜요? 지난번엔 마야인들이 계산한 1년이 지금과 같은 365일이라고 말씀하셨잖아요?"

금성이 포로의 목을 치려는 모습

"그것도 맞지. 이번에 쓴 달력은 조금 다른 거야. 이걸 보렴."

눈앞에 나타난 것은 누군가의 머리카락을 들어 올리고 있는 듯한 아줌마 그림이었다.

"이 아줌마는 누구야?"

시원이가 물었다.

"아줌마가 아니라 장군이나 제사를 맡아 하는 제사장으로 보이는구나. 제사나 전쟁에 적합한 날을 나타내는 그림이란다. 마야인들은 날을 'KIN'이라고 썼는데 의미가 좀 달랐어. 마야인들에게 하루 또는 날은 우리가 생각하는 하루이기도 하면서 종교적 성격이 강해. 마야인이 사용한 달력은 제사를 위한 달력, 즉 제사력이었어."

"제사를 지내는 데 달력까지 필요해요? 우리 엄마처럼 달력에 할머니, 할아버지 제사라고 표시하면 되는 거 아니에요?"

치첸이트사에 있는 카라콜 천문대

"신을 모시는 데 그만큼 열심이었다는 거지. 그들은 하루하루가 각각의 신과 연결되어 있다고 믿었기 때문에 매일 다른 신에게 제사를 지냈어. 예를 들어 오늘은 정시원이라는 신한테, 내일은 한노을이라는 신한테 제사를 지내는 식이지."

"야호, 나한테는 과자 많이 달라고 그래야지."

"그날의 신에 따라 그날 하루가 좋을지 나쁠지 복이 들어올지 등을 따졌어. 마야인은 20일에 한 번씩 다시 처음 신으로 돌아가 제사를 지냈는데, 계산해 보면 1년에 13번을 반복한 셈이야. 그렇게 계산하면 마야인의 제사력은 260일이 되는 거지."

"머리 아파요."

"우리가 굳이 계산할 필요는 없으니까 그런 게 있었구나 하고 지나가자. 또 한 가지는 마야인이 계산한 260일이 마야인의 임신 주기와 관련이 있다는 얘기도 있어."

"어? 엄마는 나를 뱃속에서 열 달 동안 품고 있었다고 했는데, 마야인들이 틀렸던 거네. 열 달이면 300일 정도 되는 거 아냐?"

"하하. 엄마 말도 맞고 마야인들도 맞아. 엄마가 말하는 열 달은 한 달을 4주씩 계산한 거야. 4주면 28일이니까 열 달로 계산하면 280일 정도가 되는 거지. 아무튼 이런 것들은 모두 마야인들에게 생명에 대한 숭배*로까지 이어졌단다."

"마야인들은 진짜 수학을 좋아했나 봐요. 뭘 그렇게 꼼꼼하게 따졌을까요?"

"더 놀라운 계산도 있어. 우리가 샛별이라고 부르는 금성 있

★ **숭배** 우러러 공손히 받들어 모심.

잖니? 마야인들도 금성은 새벽별이면서 저녁별이라 여겼거든. 금성의 운행 주기가 584일이라는 것도 계산했어. 이걸 마야인의 금성력이라 부르는데, 이걸 근거로 일식을 관측하며 예측하기도 했단다."

"일식이 뭐예요?"

"낮에 달이 일시적으로 해를 가려서 어두워질 때가 있는데 그걸 일식이라고 부르는 거야. 우리나라 조선 시대 사람들은 일식이 생기면 제사를 지내기도 했어. 해가 왕을 상징한다고 생각했거든. 해가 가려지면 안 되니까 다시 나타나라는 제사를 지낸 거지."

"그럼 지난번에 마야인들이 1년을 365일로 계산했다는 건 뭐야?"

"그게 바로 양력이야. 마야인들은 자신의 일상생활에 제사력, 금성력, 양력, 음력을 모두 사용했대. 신이 보내 주는 신호를 무엇 하나 빠뜨리지 않겠다는 의지라고나 할까? 그들이 쓰던 음력은 지금 우리가 사용하는 음력과 23초밖에 차이가 나지 않는다는구나."

"어휴, 복잡해. 양력은 또 뭐고 음력은 또 뭐람!"

왕실의 볼 게임 석조

"양력은 지구가 태양을 한 바퀴 도는 데 걸리는 시간을 1년으로 정해 날짜를 세는 방법이고, 다른 말로는 태양력이라고도 불러. 음력은 달이 모습을 바꾸는 데 걸리는 시간을 한 달로 정해 날짜를 세는 방법이야. 다른 말로는 태음력이 있고."

"그런데 신이 보내 주는 신호를 어떻게 알아요?"

"비가 오거나 천둥이 치거나, 바람이 불거나 하늘이 갑자기 어두워지거나 하는 것들을 모두 신호라고 본 거지. 그러면서 **기상관측***을 잘하게 된 거야. 자, 머리 아픈 얘기는 접어 두고 마야인의 신화 얘길 해 줄게. 여길 보렴."

"마야의 **서사시**[*] 《포폴 부》는 오래된 전설을 담고 있는데, 쌍둥이 형제의 모험담이 나오지. 책을 보면, 그들은 뛰어난 볼 게임 선수였대. 게임으로 **염라대왕**[*]을 이기기도 했다는구나. '종달새'를 굴복시킨 얘기도 나오는데, 그건 자연을 정복했다는 상징이야. 그런가 하면 강에서 죽었던 형제의 뼈가 다시 살아나는 모습도 나와."

"쌍둥이 형제가 마야인들의 신이었어요?"

"음, 너희들 단군신화 알지? 우리의 단군 할아버지가 그들에게는 쌍둥이 형제인 셈이야. 마야인들의 신은 부족의 우두머리나 토템 숭배물이 많았어. 토템은 동물이나 식물을 신성하게 여겨 신처럼 모시는 걸 말해. 마야인은 자연을 공경하면서 음식을 바치고 화려한 장신구와 그릇, 담배, 가죽 같은 걸 바쳤어."

★ **기상관측** 공기 상태나 공기 중에서 일어나는 모든 현상을 알기 위하여, 기압·기온·습도·바람·구름 등을 확인하는 것.

★ **서사시** 역사적 사실이나 신화, 전설·영웅이 한 이들을 이야기처럼 쓴 시.

★ **염라대왕** 지옥에 살며 십팔 장관과 팔만 옥졸을 거느리고, 죽어 지옥으로 떨어지는 인간이 지은 죄를 심판·징벌하는 대왕.

"신이 담배도 피우나? 담배를 왜 바치지?"

"좋은 것, 귀한 것은 신에게 바치고 싶었던 거지. 오늘 마지막 문제! 마야인들은 아주 특별한 걸 신에게 바쳤단다. 과연 뭐였을까?"

"금!"

"아니야. 어떻게 보면 금보다 훨씬 귀한 거야. 힌트는 사람이 갖고 있는 것!"

"저요! 눈물이요!"

"우리 노을이는 시인이네. 그렇지만 땡! 같은 액체이긴 한데 보기엔 좀 무서울 수도 있는 거야."

"알았다. 피!"

"그래. 피야. 마야인들은 자기 몸에 상처를 내서 흘러나온 피를 신에게 바치곤 했대. 이건 자연에 대한 **복종***을 뜻하는 거였는데 왕도 똑같이 했대. 더 무서운 것도 있는데, **주기적***으로 사람의 심장을 바치기도 했어. 안 그러면 신의 힘이 약해진다고 여겼거든. 그래서 다른 부족 사람을 잡아 와 피라미드 꼭대기에서 죽인 다음 심장을 바친 거지."

"나쁜 사람들이네요. 사람을 함부로 죽이면 안 되잖아요."

"당연히 안 되는 일이지. 하지만 이런 **의식***이 죽음에 대한 두려움을 없애 주는 효과도 있었단다. 또 평소 가지고 있던 불만 같은 것들이 이런 의식을 통해 많이 사라지곤 했다고 해. 그래서 큰 싸움이 벌어지기는 해도 살인 사건은 일어나지 않았지."

↪ 피를 내는 의식

신에게 피를 바쳤다고?

★ **복종** 남의 명령이나 생각을 그대로 따르는 것.
★ **주기적** 일정한 간격을 두고 되풀이됨.
★ **의식** 일정한 격식을 갖추어 치르는 행사나 예식.

65

마야인들은 어떻게 살았을까?

마야풍으로 꾸민 옷들

마야인은 최초로 옥수수를 재배했어요. 그밖에도 고추, 감, 호박, 고구마 등도 재배해서 먹었지요. 열대 우림의 숲에 불을 질러 농사를 짓는 화전농법을 많이 이용하기도 했어요. 면과 카카오를 재배해 다른 지역과 거래를 하기도 했지요. 사냥을 통해 육류를 섭취했는데, 원시적인 방법으로 잡은 물고기, 벌의 유충, 달팽이, 기타 곤충으로 단백질을 보충했대요. 하지만 단백질 섭취가 부족해서 강한 체질은 아니었어요.

마야인들은 대칭적이면서도 정교하고 한눈에 봐도 화려한 옷을 즐겨 입었어요. 평상시 외출할 때 여인들은 꼭 스카프를 둘렀는데, 남자들은 중요한 부위를 가리는 천을 허리에 두르고 나갔대요. 신분에 따라 옷의 문양이 달랐는데, 화려하고 복잡한 문양의 옷은 무사들이 입었답니다.

짜잔~ 완전 내 스타일인데! 난 화려한 옷이 좋아~

마야인들이 문신을 하는 독특한 풍습이 있었어요. 얼굴에 칠을 하기도 했는데, 결혼하기 전 남자들은 얼굴과 전신에 검은 칠을 했대요.

　　결혼에 대한 풍습도 특이한데 집안끼리 수준이 맞아야 했고, 결혼하기 전 사위가 장인 집에서 6, 7년간 일을 해야만 했어요. 13세, 14세 때 결혼하는 경우도 있었다네요.

　　마야인은 죽음을 희망이 가득한 **환승역***이라고 여겨 시신을 잘 싸맨 뒤 입에 옥으로 만든 구슬을 물렸어요. 또 죽은 사람의 평안함을 위해 무덤에 자신들이 모시던 신의 형상을 조각해서 두었지요. 죽은 이가 살았을 때 돈벌이에 사용했던 도구를 함께 묻어 다음에 태어나도 이것으로 돈을 벌라고 했대요. 그리고 죽은 사람의 모습을 본뜬 조각상을 만들에 그 안에 유골을 넣기도 했어요.

옥으로 꾸민 부장품

★ **환승역** 다른 탈 것(기차나 버스)으로 갈아탈 수 있도록 만들어 놓은 역.

신의 자손들
- 구름 위에 사는 사람들

"오늘은 퀴즈로 시작하자. 여기 네 장의 사진이 있지?"
아저씨가 책상 위에 올려 놓은 사진에는 아름다운 풍경 아래 설악산, 한라산, 덕유산, 지리산이라는 이름이 큼지막하게 쓰여 있었다.

"아름다운 풍경이지? 나도 올해에는 이 산들을 다 정복하고 싶은데 시간이 없어, 시간이!"

"아빠는 시간이 없는 게 아니라 출렁거리는 배가 문제지."

시원이가 놀리듯 아저씨 배를 잡고 흔들었다.

"야, 바빠서 운동을 못 해서 그렇

출렁출렁~

지. 내가 마음만 먹으면 이까짓 배는 금방 홀쭉해진다니까. 안 그러냐, 노을아?"

아저씨는 내게 도와달라는 듯한 눈길을 보내셨다.

"네, 그럴 것 같아요."

"역시 노을이가 최고다. 자, 다시 퀴즈야. 우리나라에서 가장 높은 산은 어디일까? 이 넷 중에서 골라 보렴."

나는 얼른 설악산을 집어 들었다. 작년에 가족들과 함께 갔을 때 흔들바위까지만 갔는데도 힘들어서 포기한 기억이 났기 때문이다. 시원이는 지리산과 한라산 중에서 망설이다 한라산을 골랐다.

"정답은 바로 한라산이야."

"야호! 이제 내가 두 점이나 앞섰다!"

넌 그걸 세고 있었니? 대단하다, 시원아.

"카드를 뒤집어 보렴."

시원이가 갖고 있던 한라산 카드를 뒤집으니 1950이라는 숫자가 나왔다. 나머지 카드들도 뒤에 다 숫자가 쓰여 있었다.

"1위가 한라산 1,950미터, 2위가 지리산 1,915미터, 3위가 설악산 1,708미터, 4위가 덕유산 1,614미터란다. 높이는 이렇게 차이가 있지만 다 아름답고 멋진 산들이지."

"그런데 산 이야기는 왜 하신 거예요?"

"응. 오늘 만나 볼 사람들은 잉카인들인데 그 사람들이 살았던 도시가 해발 2,280미터 높이의 산꼭대기에 있었거든."

"그렇게 높이요? 그럼 한라산보다 훨씬 높은 곳에서 살았단 말이에요?"

"북한에 있는 백두산이 2,744미터니까 거기랑 비슷하겠네. 너무 높아서 구름 위에 떠 있는 도시처럼 보였을 거야. 이렇게 높은 곳에서 어떻게 살았을지 너무 궁금하지?"

"그런데 아빠, 해발이 뭐야?"

"바다로부터 잰 높이라는 뜻인데, 잔잔한 바다 수면을 시작으로 높이를 쟀다는 거지. 지역에 따라 달라지기도 해서 기준을 정해 놓는데 우리나라는 인천 바다가 기준이야."

"진짜 구름에 싸여 있네요. 정말 이런 데서 살았어요?"

VR기기를 쓰자 내가 구름 위에서 내려다보는 느낌이 들었다.

"그럼. 아직도 유적이 남아 있으니 알 수 있지."

↱ 쿠스코의 사크사이와만 유적

"여기는 어디쯤이에요?"
"남아메리카 중서부 지역인 페루, 볼리비아 근처야."
"우르밤바 계곡 산꼭대기에 있는 이 도시를 마추픽추라고 부르지. 200톤이 넘는 돌로 지어졌어. 이게 어디서 왔는지도 모르고 어떻게 만들었는지도 모른단다. 그저 이 도시를 잉카인들이 만들었다는 것만 알 뿐이야."

"그걸 어떻게 알아?"

"우리도 단군신화가 있는 것처럼 잉카인들도 신화와 전설이 다 있었어. 사실 그것 때문에 학자들은 잉카 제국이 어떻게 건설되었는지를 알 수 있었지."

"그런데 이름이 괴상해요. 마추픽추?"

"마추픽추는 잉카 공용어로 '늙은 봉우리'란 뜻이 있어. 마추픽추 유적지가 젊은 봉우리를 뜻하는 '우아이나픽추'와 마추픽추 봉우리 사이에 자리 잡고 있는데도 마추픽추라 부르는 건 유적지 대부분이 늙은 봉우리 아래 흩어져 있기 때문이야. 여기는 1911년에 미국인 탐험가인 하이럼 빙엄이라는 사람이 발견했단다. 세계 7대 불가사의 중 하나라고 불리지."

"아빠, 나 불가사리 알아. 바다에 있는 별처럼 생긴 거, 맞지?"

"시원아, 불가사리 아니고 불가사의. 세계 7대 불가사의란 사람들이 만든 놀라운 건축물을 말하는 거야."

마추픽추는 잉카 공용어로 '늙은 봉우리'란 뜻이 있어.

"우리나라엔 놀라운 건축물 없어요? 훌륭한 거 많다면서요?"

"많지. 그런데 여기서 말하는 불가사의는 이런 뜻이야. 도대체 이걸 어떻게 만든 거지? 아무리 생각해 봐도 답이 안 나오는 그런 건축물을 말한단다."

"아하, 마술봉을 휘둘러서 만든 그런 거?"

"뭐, 그렇게 말할 수도 있겠구나. 잉카 문명이 일어난 이 안데스 산맥 주변은 지역에 따라 날씨가 다 달랐어. 어디는 춥고 어디는 따뜻하고 어디는 중간 날씨고 말이야. 우리도 여름과 겨울에 입는 옷이 다르고 먹는 음식도 다르지? 여기도 그랬어. 그래서 서로 다른 지역에 사는 사람들끼리 자신들이 기른 곡식과 만든 물건들을 바꾸며 살아갔던 거야."

"그게 잉카 제국 건설이랑 무슨 상관인데?"

"응, 여러 부족이 이렇게 물건과 곡식을 서로 바꾸며 살면서 문명을 이뤘고 그 문명들은 서로 섞였어. 잉카 신화 속에는 사람들이 살아가는 방식이나 정신이 드러났지."

"어떻게요?"

"여기 이 사진을 보렴. 티아와나코에 있는 옛날 건축물이야.

▸ 티아와나코 고성

지구상에서 가장 높은 호수로 알려진 티티카카 호수 동남쪽에 있는 지역이지. 이 건축물은 같은 시기의 다른 건축물보다 훨씬 더 크고 웅장해. 그래서 잉카 제국의 뛰어난 건축 기술이 티아와나코의 영향을 받았을 거로 추측하는 거지."

"우리나라는 왜 돌로 안 만들었어요? 그랬으면 불에 타도 끄떡없을 텐데."

▸ 티아와나코 고성에 있는 돌 석상
신비함과 엄숙함이 서려 있어요.

"맞아. 지난번에 숭례문도 불에 탔잖아."

"너희들 말이 맞아. 나무가 아니라 돌로 만들었으면 불에 타도 괜찮았을 거야. 그런데 우리나라에 돌이 많을까?"

"밖에 나가면 돌멩이 많은데."

"하하. 그런데 돌멩이로는 건물을 짓기 어렵지. 건물을 지으려면 커다란 돌들이 많아야 하는데, 사실 우리나라는 돌보다는 나무나 흙을 구하기 쉬워서 그걸 사용한 거지. 잉카에는 당연히 돌들이 더 많았고 말이야."

"아쉽다."

"침략을 받지 않았다면 더 좋았겠지. 전쟁 중에 불에 탄 게 많으니까 말이다."

"전쟁은 절대로 일어나면 안 돼요."

"그래야지. 우린 다시 잉카로 가 보자. 잉카 제국은 여러 문명의 도움을 받았어. **도기***나 옷을 보면 **차빈 문명***의 영향을 받았다는 것도 알 수 있단다. 이렇게 훌륭한 **문명***을 이룬 잉카인들도 스페인 사람들로 인해 순식간에 망했어. 그런데도 잉카 지도자들은 전설을 이용해서 나라를 다스렸어."

"어떤 전설인데?"

"잉카인은 태양신의 자손이라는 전설이야. 그래서 잉카인으로 태어난 사람들은 야만인들을 가르쳐서 올바르게 만들거나 길들일 권리와 의무가 있다고 믿었지."

"그래서요?"

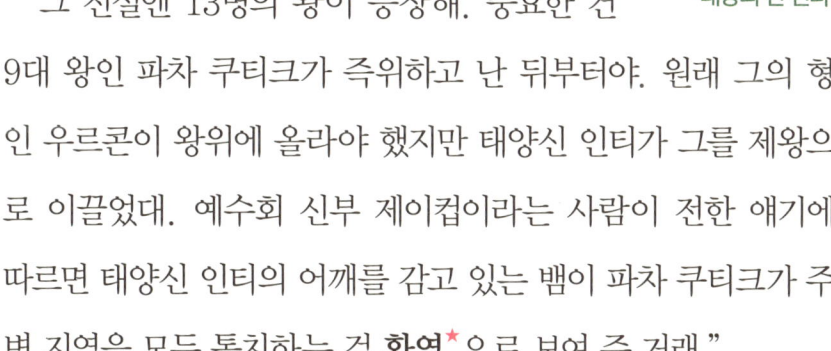

태양의 신 인티 <출처 : 위키피디아>

"그 전설엔 13명의 왕이 등장해. 중요한 건 9대 왕인 파차 쿠티크가 즉위하고 난 뒤부터야. 원래 그의 형인 우르콘이 왕위에 올라야 했지만 태양신 인티가 그를 제왕으로 이끌었대. 예수회 신부 제이컵이라는 사람이 전한 얘기에 따르면 태양신 인티의 어깨를 감고 있는 뱀이 파차 쿠티크가 주변 지역을 모두 통치하는 걸 환영*으로 보여 준 거래."

"그래도 형이 왕이 되어야 하는 거 아니에요?"

"1438년에 아주 사납기로 유명한 창카족이 공격을 해왔어. 왕은 형과 함께 피난을 갔지. 그래서 파차 쿠티크가 힘과 권력을 상징하는 퓨마 가죽을 걸치고 직접 지휘에 나섰어. 이때 태

★ **도기** 흙을 빚고 불에 구워 만든 그릇.
★ **차빈 문명** 중앙 안데스 지대에서 생긴 최초의 문명.
★ **문명** 인간 생활이 풍부하고 편리해진 상태. 주로 생활 조건이나 질서에 대한 물질문화를 이름.
★ **환영** 눈앞에 없는 것이지만 있는 것처럼 보이는 것.

잉카의 신을 조각한 액자

양신이 파차 쿠티크의 머리를 쓰다듬어 주자 신기한 능력이 생긴 거지. 주변의 돌을 용감한 군인으로 만들어서 잉카를 지켜 냈다는구나."

"그래서 왕이 된 거야?"

"파차 쿠티크는 아버지를 왕위에서 내려오게 하고 자신이 왕이 되었어. 그리고 뛰어난 머리로 많은 마을을 자기 나라 것으로 만들었지. 정복한 지역을 잘 다스리기 위해 그들에게 태양신을 숭배하도록 했어. 엄청난 공사를 일으켜서 전국에 인티 신전을 세운 뒤 태양신 숭배를 하게 했지. 이게 왕권을 단단하게 만드는 기초가 됐어."

"아, 나도 태양신이 내 머리를 쓰다듬어 주면 좋겠다."

"너도 왕 되려고?"

"응. 파차 쿠티크 같은 강력한 왕이 되면 좋잖아. 모두 나를 따르라."

"파차 쿠티크는 아주 강력한 제국을 만들었어. 스스로 잉카 제국으로 들어오고 싶어 하는 부족들도 있을 정도였지. 그들 모두에게 태양신을 섬기도록 했고 이렇게 해서 잉카는 태양신의 나라가 되었단다. 그들은 태양신의 자손이라는 걸 자랑스러워했고 말이야."

티아와나코의 태양문

나스카 지상화

중남미 지역의 또 다른 문명으로는 나스카 문명이 있어요. 지상화로 유명한 곳이죠. 지상화는 땅 위에 그려진 큰 그림이란 뜻이에요. 사람이나 동식물을 다양한 색으로 칠한 토기, 정교한 자수로 만든 옷감, 금으로 만든 마스크 등이 있지만 뭐니 뭐니 해도 나스카 지상화가 유명해요.

나스카 지상화는 페루 남부 태평양 연안 건조한 땅이 많은 지역에 있답니다. 이곳은 아무것도 없는 자갈밭으로 수천 년 동안 버려진 땅이었어요. 그곳에는 30여 개의 그림이 그려져 있어요. 기하학적인 무늬도 있고 동물과 식

물, 물고기, 새와 같은 무늬가 많죠. 그림 하나가 100미터에 이를 만큼 커서 비행기가 하늘을 날게 된 시대에 발견되었어요. 많은 사람은 이 지상화를 외계인이 그렸다고 했지요.

　나스카 지상화는 서기 2세기경에 완성된 것으로 알려져 있어요. 땅 위에 있는 돌을 옮겨서 그림을 만들었는데 이곳에는 거의 비가 내리지 않기 때문에 그 흔적이 지워지지 않았던 거예요.

　이걸 왜 그렸을까요? '하늘을 관측한 내용을 그려 놓은 것이다', '종교적인 목적일 것이다'처럼 여러 생각이 나왔지만 아직 확실하게 알려진 것은 없어요. 비행기에서 봐야 제대로 볼 수 있을 만큼 어마어마한 크기를 자랑하는 지상화지만 수학적인 계산을 잘 한다면 외계인이 아닌 사람들도 만들 수 있다고 해요.

진짜 불가사의한 일이야.

잉카 문명은 어떻게 시작되었을까요?

　기원전 15세기 무렵, **유카탄반도***에서 최초의 문명이 발견되었죠. 고고학자들은 이것을 '올멕 문명'이라고 이름 지었어요. 그 지역 이름을 딴 거예요. 이게 바로 아메리카 문명의 시작입니다.

　이것과 거의 동시에 남아메리카에서 시작된 문명은 '차빈 문명'이라고 불러요. 이것으로 인디언 문화가 형성되기 시작하죠. 차빈 문명의 건축물과 조각도 올멕 문명처럼 종교적인 느낌이 강합니다. 차빈 문명에서는 독특한 점이 또 하나 있어요. 외계인처럼 두개골을 길쭉하게 만든 건데요, 어릴 때 끈이나 가죽 등을 이용해서 머리를 길쭉하게 만들었다는군요. 차빈 문명은

★ **유카탄반도** 멕시코 남동부에 있는 반도(삼면이 바다로 둘러싸이고 한 면은 육지에 닿아 있는 땅).

안데스 고원에서 서남쪽 태평양이 가까운 지역의 평원과 동남쪽 태평양 해안 주변 지역까지 퍼졌어요. 이 차빈 문명은 안데스 문명이 화려하게 꽃피울 수 있도록 해 주었답니다.

그 후 티아와나코 문명에서 시작된 와리 문화가 등장했어요. 높은 지대에서 생겨난 이 문화는 힘을 써서 억지로 물려준 흔적들이 많이 보입니다. 이 와리 문화는 국가라는 것이 무엇인지 알려 주고, 건물이나 시설물을 세우는 능력을 물려주고 사라졌어요.

제국을 건설하기 위해 전쟁이 끊이지 않았고 이런 전쟁 속에서 매우 엄하고 철저한 계급, 잘 짜인 사회구조를 갖춘 잉카 제국이 드디어 모습을 드러내게 됩니다.

잉카인의 신앙
- 태양신에게 절하라

　문을 열자 얼굴 주위에 종이로 만든 해바라기 잎을 붙인 시원이가 보였다. 팔짱까지 끼고 의자에 앉아 있는 모습에 웃음이 나왔다.
　"뭐 하는 거야?"
　"웃지 마. 나는 태양신이야."
　"해바라기 같은데?"
　"태양신이라니까!"
　"그렇다고 해 줘. 아침부터 저러고 있거든."
　아저씨가 내게 속삭였다.
　"네, 네. 태양신 님."
　그제야 시원이는 씨익 웃으며 책상 앞으로 다가왔다.
　"아빠도 노을이도 나를 태양신으로 인정했으니까 이제 절해."

"야, 그건 아니지."

"그래, 그런 건 마음에서 우러나와야 하는 거지. 너처럼 강요하면 다른 신한테 마음을 빼앗기는 거야."

"잉카인들도 그랬어?"

"그럼. 사람들 마음은 다 비슷한 거야. 잉카인들은 태양신 말고도 여러 신을 섬겼어. 파차카막이라는 신을 최고의 신으로 섬겼는데, 파차카막은 무엇이든 만들 줄 아는 **조물주**˚였지. 두 번째가 태양신인데 태양 신전을 짓고 아클라궁을 두어서 그를 모셨어. '나의 태양신 아버지'라고까지 불렀단다."

"그런데도 태양신이 첫 번째가 아니야?"

시원이는 자기가 태양신이라고 착각하는 듯 화가 나서 씩씩거렸다.

"시기별로는 태양신이 가장 먼저 등장했어. 그때는 사람들이 태양신만을 섬겼지. 그러다가 파차카막이라는 신이 나타난 거야."

★ **조물주** 우주의 모든 것을 만들고 다스리는 신.

태양신에게 올리는 제사

"또 있어요?"

"응, 세 번째가 있지. 세 번째 신은 태양신이나 파차카막보다 훨씬 낮은 비라코차라는 신이야. 신이라기보다 인간에 가깝다고 할까? 사람들에게 자주 모습을 드러냈대."

"그래도 태양신이 제일 센 거지?"

"들어봐. 이야기가 아주 재밌거든. 전설에서 비라코차가 나타난 건 왕실이 서로 가장 센 힘을 가지려고 다툰 것과 관계가

깊어. 왕실에서 쫓겨난 왕자가 비라코차의 보호를 받아 찬카 족을 몰아내고 8대 잉카 제국의 왕위에 올랐단다."

"파차 뭐였지? 그 왕이 9대 왕이었다면서요?"

"파차 쿠티크. 8대 왕과 9대 왕이 좀 유명하지. 어쨌든 이 왕은 전국적으로 자신을 왕위에 오르게 해 준 비라코차 숭배 운동도 벌였고 꿈에서 본 모습 그대로 비라코차의 동상을 만들기도 했어."

"태양신은 그럼 뭐야?"

"태양신은 이미 잉카인들 마음속에 첫 번째 신이었지. 다만, 인기 순위에서 밀렸다고나 할까? 왜 너희들도 좋아하는 가수가 자주 바뀌기도 하고 그렇잖아."

"비라코차는 어떤 신이었는데요?"

"잉카인들이 나중에 만든 신화에 따르면 비라코차는 티티카카 호수에서 세상을 만들고 사람도 만들어 냈다고 해. 자신은 바다에 숨어 살았는데, 아들이면서 모든 것의 주인인 파차카막을 세상으로 내보냈다는 거지."

"아니, 아까는 비라코차가 세 번째 신이라고 했잖아?"

시원이가 아저씨한테 따지듯 물었다.

성대한 제례 의식

"그런데 사람들 마음이 바뀐 거야. 처음에는 태양신을 최고라고 생각했지만 나중에 잉카인들이 믿은 최고의 신은 바로 비라코차야. 순서가 완전히 바뀐 거지. 그만큼 믿음이라는 게 무섭기도 한 거란다."

"진짜 이상한 사람들이네요. 태양신의 자손이라고 해 놓고는 이제 비라코차가 최고라니!"

"믿고 싶은 대로 믿는 거니까."

"신들이 하는 일이 뭐라고 생각하니?"

"사람들을 보호하는 거요?"

"그렇지. 사람들을 보호해 주고 나쁜 일이 생기지 않도록 돌봐 주는 거겠지? 그런데 비라코차는 이런 일도 했지만 아주 무시무시한 **예언***을 하기도 했어."

90

"거봐, 내가 그럴 줄 알았어. 비라코차는 뭔가 수상해. 태양신이 최고라니까!"

쟤는 완전히 태양신에 빠졌네. 나는 고개를 절레절레 저었다.

"예언은 이랬어. 잉카인이 얼마간 잉카를 다스리긴 하겠지만 한 번도 본 적이 없는 사람이 나타나 **우상***을 파괴한 뒤에 그가 잉카를 갖게 된다는 거였지."

"그런 예언은 나도 하겠다. 새로운 사람이 나타난다는 건 당연한 거 아냐? 세상이 이렇게 넓은데!"

"그건 지금 생각이지. 그때는 세상이 이렇게 넓은 줄 몰랐겠지. 이 예언은 후대 왕들에게 전해졌지만 백성한테는 쉬쉬했어. 그들이 알아봐야 좋을 게 없으니 말이야. 그렇게 200년이 흐르고 12대 왕이 돌아가실 때쯤 백성들도 알게 됐어."

"그래서요? 난리가 났겠네요?"

"아주 큰 일이 벌어졌단다. 그 얘기는 조금 이따 해 줄게. 지금은 시원이가 사랑하는 태양신 얘기를 조금 더 하자."

"오, 예!"

★ **예언** 미래의 일을 짐작하여 말함. 또는 그 말.
★ **우상** 나무·돌·쇠붙이·흙 따위로 자신이 믿는 신의 모습을 본 떠 만든 물건.

"잉카 제국은 왕이 신에게서 권력을 받았다고 생각했어. 그래서 해마다 정기적으로 신에게 제사를 드렸지. 제사를 지낼 때 그것을 맡아 관리하는 사람을 '아클라'라고 불렀어. 태양신을 섬기는 여성이야."

"신은 사람도 아닌데 태양신을 어떻게 섬겨?"

"아클라는 태양신을 자신의 남편처럼 생각했어. 태양신과 결혼했다고 생각한 거지. 실제로 그랬다는 건 아니야."

"아, 조선 시대 **궁녀***들처럼요? 그 사람들도 실제로 왕과 결혼한 건 아니지만 그렇게 믿었다고 그러던데, 그럼 아클라도 우리나라 궁녀들처럼 많았어요?"

"수도인 쿠스코에만 1,500명 이상의 아클라가 있었는데, 전국에 있는 아클라까지 하면 꽤 많겠지?"

"아니, 그렇게 많은 사람이 왜 필요한 거야?"

"제사 의식이 그만큼 많았다는 거지. 아클라는 하는 일이 많았어. 자신의 남편인 태양신을 위해 옷을 만들고 태양신에게 바칠 상쿠라는 음식도 만들었지. 아카 술 같은 제사에 필요한 음식도 만들었어. 가장 중요한 임무는 '라이미'라는 특별한 종교일에 모은 **성화***가 꺼지지 않게 지키는 일도 있었어."

쿠스코에만 1,500명이 넘는 아클라가 있었다니, 엄청나네.

쿠스코 시내 전경 잉카 제국의 상업과 종교 중심지였던 곳이에요.

"입지도 못할 옷은 만들어서 뭐 하려고? 우리나라처럼 왕이 입는 것도 아닌데."

"제사를 지낼 때 아클라가 만든 옷을 태양신이 직접 입는 것 같은 장면을 만들어서 보여 줬어. 그 다음에 옷을 태워서 태양신을 숭배한다고 표현한 거야."

★ **궁녀** 왕이 사는 궁궐에서 일하는 여자.
★ **성화** 신에게 바치는 성스러운 불.

"조선 시대 궁녀들하고 비슷해요! 텔레비전에서 봤는데 궁녀들도 음식과 옷을 만들고 청소하고 그러잖아요."

"노을이 말이 맞네. 비슷한 게 또 있지. 궁녀들도 처음 궁에 들어가면 자기보다 계급이 높은 상궁에게 교육을 받지? 아클라도 그랬어. '마마코나'라는 **신분***을 가진 사람이 아클라에게 필요한 기술을 가르치면서 안전과 **재정***을 담당했단다. 그리고 나중에 나이가 들면 궁을 떠나 고향으로 돌아갔는데, 그곳에서 사람들에게 존경을 받았다고 해. 어떤 마마코나는 궁에서 죽기도 했고 말이지."

"진짜 비슷하다. 신기해, 아빠."

"그런 게 역사를 공부하는 재미지. 더 비슷한 걸 알려 줄까? 아클라의 가장 큰 임무는 바로 태양신을 위해 자신의 순결을 지키는 거였어."

"순결이 뭔데요?"

"태양신이 남편이니까 어떤 남자와도 만나지 않고 혼자 살아야 한다는 거지."

★ **신분** 개인의 사회적 지위.
★ **재정** 돈에 관한 여러 가지 일.

"죽을 때까지요?"

"응. 만약 누군가 다른 남자를 만나는 걸 알게 되면 그 여자는 산 채로 땅속에 묻혔어. 남자는 **교수형**★, **9대**★에 걸친 친족들도 모두 죽음을 면치 못했지. 게다가 그 지역까지 신의 저주를 받고 버려졌다니 엄청나지?"

★ **교수형** 사람의 목을 옭아매어 죽이는 벌.
★ **9대(친족)** 고조부모, 증조부모, 조부모, 부모, 본인, 아들, 손자, 증손, 현손까지를 말함.

산토도밍고 성당 태양신을 모시는 신전이 있던 곳에 지금은 산토도밍고 성당이 자리하고 있어요.

"조선 시대 궁녀들도 그렇다던데 둘 다 불쌍해요."

"조금 다른 점이 있는데 쿠스코 신전의 아클라들은 좋은 집안에서 태어나야 했고, 아름다운 얼굴, 뛰어난 솜씨가 있어야 했어. 우리나라 궁녀들은 왕가에서 뽑지는 않았잖아. 그들은 잉카 왕과 그의 여자 형제 사이에서 태어난 딸이어야 했다는구나. 왕과 왕비, **직계**[*]왕족들을 빼고는 누구도 아클라를 만날 수 없었다니 쓸쓸하게 살아야 했지."

"그 예언은 어떻게 됐어요?"

"비라코차가 보호했던 동상과 너무 닮은 피사로라는 사람이 스페인 군대를 끌고 온 거야. 잉카족 사람들은 너무 쉽게 피사로를 새로운 지도자로 생각했기 때문에 맞서 싸울 생각도 안 하고 나라는 망하고 만 거지."

"바보 같아요."

"그렇게 보일 수도 있지. 모든 걸 신의 뜻이라고 생각했으니 말이다."

★ **직계** 핏줄이 친자식 관계로 이어져 내려온 것.

뛰어난 손재주를 가진 사람들

잉카인들은 손재주가 아주 뛰어났어요. 청동으로 무기, 괭이, 도끼, 낫, 심지어 외과수술용 칼 등을 만들기도 했고, 금은 용기와 제사용 그릇에 새, 물고기, 곤충, 동물 등을 진짜처럼 새기는 일도 잘했어요.

입구가 벌어진 긴 잔, 세 발 달린 솥, 귀가 달린 작은 단지 같은 도자기도 뛰어난 솜씨를 자랑했지요. 그때는 물레*가 없어 모든 도자기를 손으로 빚었대요. 붉은색, 보라색, 크림색, 검정색 같은 염료를 사용해서 구운 도자기에 색을 입히기도 했어요. 동물 문양이나 기하학무늬*를 새긴 도자기는 색깔이 뚜렷하고 빛이 난답니다.

치무인도 도자기나 가구 같은 물건을 잘 만들었어요. 금, 은, 나무, 조개껍데기, 뼈 등을 사용했지요. 고고학자들에 따르면, 치무왕국 최고 전성기인 14~15세기 무렵 전체 인구 3만 6,000명 중 1만 2,000명이 이런 물건을 만드는 일을 했답니다. 15세기 잉카가 치무왕국을 차지한 뒤 이 기술은 잉카에 흡수되어 황금과 은으로 예술 문명을 만들어 냈어요.

미라의 얼굴을 덮은 황금가면

잉카 제국에서 황금은 권력과 위엄*을 상징했답니다. 황금색은 태양의 색이라, 황금은 태양의 혈통을 이어받은 이들만이 가질 수 있었어요. 왕실과 귀족만이 황금장식품을 사용했고요. 잉카인들은 **부장품***말고는 황금을 감춰 두다 일이 없었어요. 그래서 스페인에서 쳐들어왔을 때 부장품을 뺀 모든 황금을 다 빼앗아갔답니다.

도자기 그릇

황금가면

★ **물레** 돌리면서 도자기의 모양을 만드는 틀.
★ **기하학무늬** 직선이나 곡선이 만나면서 생기는 무늬.
★ **위엄** 점잖고 엄숙함 또는 그런 태도.
★ **부장품** 장사 지낼 때, 시체와 함께 묻는 물건을 말한다.

건축물과 생활
- 돌과 함께한 문명

"노을아, 이거 진영이 이모가 주더라."

"이게 뭐야?"

납작한 종이봉투 안에는 얇은 나무로 만들어 조립하는 기와집이 들어 있었다.

"이걸 왜 주셨대?"

"너 요즘 역사 공부한다고 자랑했거든."

"이거랑 무슨 상관이야?"

"진영이 이모가 지난번에 경복궁에 다녀왔대. 거기서 산 기념품이라고 하더라."

"엄마, 내가 배우는 건 우리나라 역사 아니거든!"

"역사가 거기서 거기지 뭐. 주신 거니까 한 번 만들어 봐. 엄마가 색칠 도와줄게."

나는 못 이기는 척 엄마와 기와집을 만들어 나갔다. 색칠하고 말리고 끼우고 할 일이 많은 것 같았지만 둘이서 하니까 금방 끝났다.

너무 예뻐서 시원이에게 자랑할 겸 완성된 기와집을 들고 갔다.

"잘 만들었지?"

"기와집이네. 이 정도는 한 손으로도 만들겠다."

시원이는 말은 그렇게 하면서도 요리조리 돌려보며 감탄하는 얼굴이었다.

"얼마나 할 일이 많은 줄 알아? 이걸 돌리면 음악도 나온다고."

나는 오른쪽에 달린 손잡이를 천천히 돌렸다. 아리랑이 흘러나왔다.

"음악이 나오는 기와집이라니 더 멋지구나. 노을이가 꼼꼼하게 잘 만들었네."

역시 칭찬은 언제 들어도 기분 좋다. 시원이도 칭찬하는 법을 알았으면 좋겠다.

"지난 시간에 마추픽추 얘기한 거 기억하지? 그곳에는 돌로 지어진 건축물들이 많아. 그래서 거석 문명이라고 부르기도 해. 거석은 큰 돌을 말하는 거야. 얼마나 잘 만들었는지 틈이 하나도 없어서 바늘도 들어가지 않을 정도래. 지진에도 끄떡없을 만큼 튼튼하고 말이지. 노을이처럼 꼼꼼하게 잘 만드는 사람들이 많았던 모양이야."

"돌에 본드나 풀을 발랐어요?"

↱ 미추픽추 성 전경

"아니, 어떤 접착제도 쓰지 않았대. 그래서 어떤 사람들은 외계인이 만들었다는 소리도 해. 하지만 그건 말도 안 되는 소리고 잉카인들이 돌을 다듬는 기술이 특별했다는 걸 인정해야지."

"마추픽추는 궁전이었어요?"

"마추픽추를 발견한 게 100년이 넘어가지만 아직도 정확히는 몰라. 유물이랑 자료를 보고 학자들이 추측한 건 15세기* 중간쯤에 잉카인의 여름 궁전이나 왕이 몸을 숨기는 곳으로 사용했을지도 모른다는 거지."

"돌밖에 없어서 별로 볼 것도 없겠네, 뭐."

"VR기기를 다시 써 볼까? 왼쪽에서 오른쪽으로 조금씩 고개를 돌려 가면서 보렴."

"어, 이상해요. 금방 보였는데 이렇게 돌리니까 보이던 게 사라졌어요."

"나도 가 보진 못했지만 이곳이 깊은 산속이라 어디서 보느냐에 따라 모습이 다 달라 보인대. 유적지가 보이다가도 몇 발

★ **15세기** 1401년부터 1500년까지의 기간.

여기가 바로 마추픽추?

자국만 가면 아예 안 보이기도 한다는구나. 그야말로 신비로운 곳이지. 그리고 높은 곳이지만 바닥이 무척 평평해서 놀라게 된대."

"이건 **다랑논***이에요?"

뱅글뱅글 돌아가며 만들어 놓은 계단이 텔레비전에서 본 다랑논을 닮았다.

"마추픽추가 비탈진 땅에 지어져서 그래. 실제로 계단식 논도 많아. 여기 보이는 건 돌담이고 그 안에 집, 신전, 창고, 기타 시설 등 200채가 넘게 남아 있어. 설계자들이 건축물과 비탈진 땅이 하나가 되도록 설계한 거지."

"이 돌들은 현무암이에요? 거뭇거뭇하게 생긴 것 같은데."

"현무암은 구멍 숭숭 뚫린 돌이잖아. 제주도에 있는 돌이 현무암이고 이건 화강암이라는 돌이야. 청동이나 돌로 만든 공

★ **다랑논** 비탈진 산골짜기에 계단처럼 겹겹이 만든 좁고 작은 논.

구로 화강암을 자르고 다듬어서 만들었어. 화강암 표면은 모래를 이용해서 매끄럽게 다듬기도 했지. 심지어 바위에 무늬를 조각해 넣었기 때문에 무척 아름답대. 나도 여긴 꼭 가 보고 싶구나."

"높은 곳에 있다고 하지 않았어요? 그런 데서 어떻게 살았어요?"

"맞아. 높은 데 가면 귀가 먹먹하고 아프잖아."

↱ 웅장하고 화려한 쿠스코 성 전경

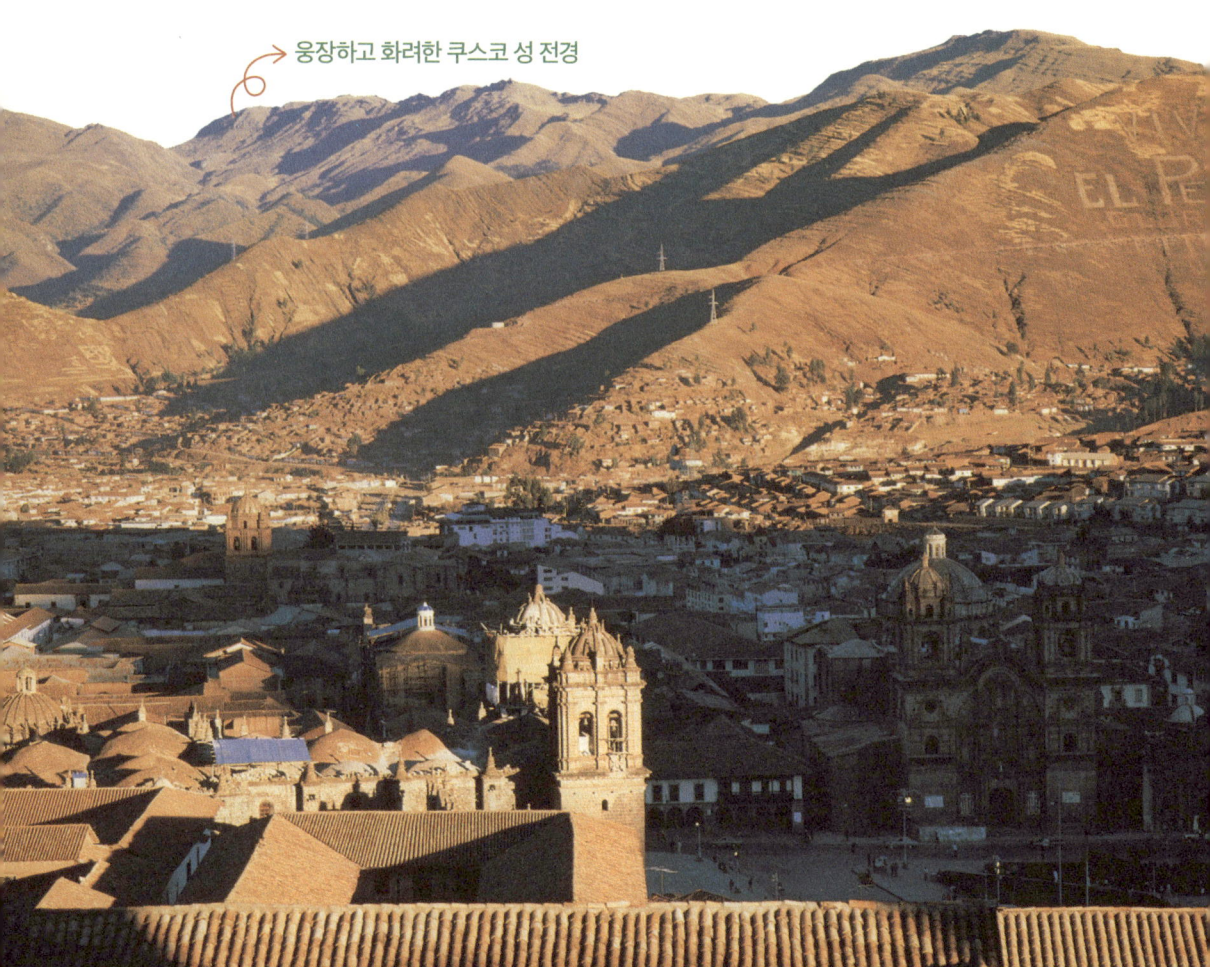

▶ 페루 시장의 다양한 농작물

"우리는 이렇게 낮은 곳에 살다 가니까 그렇게 느끼는 거지. 그 사람들은 계속 살면서 익숙해진 거야. 하지만 주변이 대부분 사막이고 안개라도 끼면 추운 날씨가 몇 개월씩 계속되었으니 살기 좋은 땅은 아니었어."

"어휴, 먹을 것도 없고 춥고 나 같으면 못 살아."

"그래도 그곳에서 가축을 기르기도 하고 숲속에서 과일도 얻고 물고기도 잡았어. 시원이가 좋아하는 감자도 많이 심고 키웠지. 물이 부족하니까 물을 끌어 올리는 시설을 만들어서 농사도 지었어. 옥수수, 카사바, 고구마, 땅콩, 아보카도 같은 것들 말이야."

"그렇다면 이곳에서 유명한 동물이 뭘까?"

"아빠, 힌트!"

"힌트는 목이 긴 동물이야."

"아, 알았다. 기린."

"기린은 열대지방에 사는 동물이잖아. 여긴 춥다니까. 두 번째 힌트는 이름이 로마와 비슷해."

"저요, 라마!"

"딩동댕! 라마입니다. 아주 귀엽게 생긴 동물이지. 라마는 속도는 느리지만 무거운 짐을 나르는 데 큰 도움을 주는 친구야. 게다가 라마 털을 이용해서 옷감을 짜기도 했어. 이것 말고도 알파카나 토끼, 오리 같은 가축도 길렀대."

꺄오~ 너무 귀여워! 키우면 좋겠다~

"우리도 라마 키웠으면 좋겠다. 귀엽게 생겼네."

"네가 동물을 키우는 건 네 방 정리부터 잘하게 된 다음에."

시원이는 대답 없이 입을 삐죽 내밀었다.

"잉카인들이 손재주 좋은 건 말했지? 쿠스코 계곡에 가면 아주 특별한 꽃밭이 있는데, 진짜 꽃 말고도 금과 은으로 만든 꽃들도 엄청 많단다. 누렇게 익은 옥수수는 금으로 만들고 은으로 넓은 잎사귀를 만들었대. 금으로 만든 어미 양, 새끼 양들이 스무 마리나 있고 말이야."

"지금도 있어요?"

"안타깝게도 지금은 볼 수가 없어. 황금으로 만든 라마도 있었는데, 모두 스페인에서 온 사람들이 빼앗아가거나 부수고 말았지."

"나빠!"

"힘이 약한 나라들은 많은 걸 빼앗겼지. 우리나라도 일본에 많이 빼앗겼잖아. **유네스코**[*]에서도 이렇게 빼앗은 문화재들을 돌려달라는 운동을 하고 있긴 한데 아직도 멀었어."

★ **유네스코(UNESCO)** 국제 연합 교육 과학 문화 기구. 국제 연합 전문 기관의 하나. 교육·과학·문화로써 나라와 나라가 서로 돕도록 만들고, 그것으로 평화와 안전 보장에 도움이 되는 것이 목적이다.

태양신에게 제사 지내는 잉카인들

"꼭 돌아왔으면 좋겠다."
시원이는 주먹까지 불끈 쥐었다.
"맞아. 우리 거니까."
나도 가슴이 뜨거워지는 것 같았다.
"그러려면 우리가 잘 알고 있어야지. 역사 공부는 그래서 더 중요한 거야."
저요, 역사 공부가 재미있어지기 시작했어요, 아저씨.
"이건 태양신에게 제사를 지내는 모습이야. 잉카인들은 1년에 120번 정도 종교 행사나 축제를 열었단다."

"이 옷 입고 나도 축제에 가 볼까?"

"우와, 신나겠다. 축제면 노는 거 아냐?"
"잉카인들은 여러 신을 모셨다고 했잖아. 그래서 제사도 많은 거지. 그중에서 **춘분**[★], **하지**[★], **추분**[★], **동지**[★]에 치러진 축제가 가장 중요했어. 특히 하지에 '라이미'라는 이름으로 벌어지는 축제는 전국적으로 열렸대."
"축제에 뭘 했어요?"
"잉카의 수도인 쿠스코 주민들은 누구나 사흘 동안 음식을 먹지 않고 축제에 참가해야 했어. 새벽에 태양이 떠오르면 모두가 절을 올리는 가운데 왕이 태양을 향해 술을 바치는 거지. 그다음엔 검은 숫양이나 라마의 배를 갈라 내장을 보며 한 해 동안 좋은 일이 생길지 나쁜 일이 생길지 점을 치는 거야. 그런 다음에 동물의 피와 심장을 태워 바친단다."
"왜 귀여운 라마를 죽여요?"

★ **춘분** 24절기의 넷째. 경칩과 청명 사이로 양력 3월 21일 무렵. 밤낮의 길이가 같다.
★ **하지** 24절기의 하나. 양력 6월 21일경. 북반구에서는 낮이 가장 길고 밤이 가장 짧다.
★ **추분** 24절기의 열여섯 번째. 양력 9월 23일경. 낮과 밤의 길이가 같다.
★ **동지** 24절기의 하나. 양력으로 12월 22~23일경, 밤이 가장 길다.
★ **신성한** 함부로 가까이 갈 수 없을 만큼 귀하다.

"검은 숫양이나 라마는 **신성한*** 동물로 알려졌거든."

"그게 무슨 축제야?"

"그렇게 끝나면 좋아하는 사람이 없겠지? 제사 의식이 끝나고 나면 각자 자신의 집에서 준비한 음식을 나누어 먹으며 노는 거야. 자그마치 9일 동안이나 계속됐대."

"3일 동안 어떻게 굶어? 난 축제 안 할래."

"그 사람들은 신앙심이 대단했다니까. 덕분에 잉카인들은 3대 황금 규칙이라는 것도 만들어 놓고 지켰지. 도둑질 안 하기, 거짓말 안 하기, 게으름 안 피우기."

"에이, 별거 아니네."

"특별한 것 같지 않지만, 이 세 가지만 잘 지켜도 살기 좋은 나라를 만들 수 있지. 실제로 잉카인들은 태양신이 자신을 보고 있다고 생각했기 때문에 아주 잘 지켰어."

"그 정도는 나도 지키겠다."

뭐? 귀여운 나를 죽인다고?

"시원이 규칙, 어디 한번 들어 볼까?"

"그래? 그럼 둘이서 각자 집에서 지킬 규칙을 한 번 만들어 봐."

"저도요?"

"응. 노을이는 노을이네 집에서 지켰으면 하는 거로 만들면 되지."

"아빠, 난 벌써 다 만들었어."

"그래, 어디 한 번 들어보자."

아저씨는 기대에 가득 찬 눈으로 시원이를 바라보았다.

"첫째, 잔소리 안 하기. 둘째, 마음껏 놀게 해 주기. 셋째, 먹고 싶은 거 다 먹게 해 주기."

"야, 말도 안 되는 것만 있잖아. 너한테만 좋은 규칙 말고 우리 가족이 지키면 좋을 것들을 만들어 보자니까. 다시 생각해 봐. 노을이는 다 됐니?"

"네, 저는 첫째, 채소 많이 먹기. 이건 우리 엄마 때문에요. 고기만 좋아하시거든요. 둘째, 얼굴 찌푸리지 않기. 이건 제가 자주 그러거든요. 셋째, 하루에 한 시간씩 같이 얘기하기. 우리 아빠는 맨날 바쁘대요. 그래서 얘기할 시간이 없거든요."

"노을이가 멋진 생각을 했네. 시원이는 반성 좀 했냐?"

메롱! 넌 나 따라오려면 아직 멀었어, 정시원.

잉카 사람들은 어떻게 살았을까?

잉카 제국은 권력에 따라 계급*을 피라미드 모양으로 나누었어요. 가장 낮은 계급인 '십부장'은 세금을 걷기도 하고, 인구가 줄거나 느는 것을 감시했어요. 일할 사람들을 일할 수 있는 자리에 골고루 나누어 두거나 생활에 필요한 물건을 주는 일을 맡았지요.

통치자들은 사치품과 아름답고 정교한 오락용품 등을 선물했고, 그걸 받은 사람들은 일을 해 주는 것으로 갚았어요. 신체 건강한 모든 사람은 기본적으로 일을 해야 했지만 병자나 장애인은 일을 안 해도 되었답니다. 시각장애인이나 청각장애인, 난쟁이 같은 장애인끼리는 결혼을 못 하게 했어요. 50세 이상이면 노인에 속했는데, 힘든 일과 세금 내는 일은 안 해도 되었지만 땔감 모으기, 아이 돌보기, 식사 준비 같은 가벼운 일들은 하게 했어요.

산모는 사람이 없는 곳에서 혼자 아이를 낳아야 했어요. 안아 주면 많이 운다고 바구니에 담아두고 잘 안아 주지도 않았대요. 잉카인은 하루에 세 번, 정해진 시간에 동물에게 먹이를 주었는데, 아기에게도 하루에 세 번만 젖을 물렸어요. 이런 풍습으로 처음에 페루에서는 아이들이 건강하게 자라는 일이 매우 드물었답니다.

아이들은 오랫동안 모유를 먹었어요. 14세가 되면 성인식에 참여해 성인으로 인정받았어요. 잉카 제국은 나이와 성별에 따라 하는 일의 종류를 열두 가지로 나누었는데, 5세부터는 아이와 모든 남녀에게 일하게 했지요.

또 국민은 누구나 결혼을 해야 했고 해마다 단체결혼식이 치러졌어요. 결혼식이 있는 날이면 주민들이 광장에 모여 **정부관리***앞에서 신랑이 신부가 될 사람을 **선포***했어요. 두 사람이 한 여자를 선택하면 정부관리가 끼어들어 정리했답니다.

페루에는 사람이 죽으면 아끼던 물건과 사랑하던 **첩***을 함께 묻는 게 유행했어요. 특히 추장이 죽으면 많은 보물과 사랑하던 첩, 남자아이, 친한 친구까지 함께 묻었답니다. 죽어서도 이 물건들을 사용하면서 같이 묻힌 사람들과 함께 생활한다고 믿었기 때문이에요.

고대 무덤

★ **계급** 신분이나 지위의 높고 낮음.
★ **정부관리** 나랏일을 하는 사람.
★ **선포** 세상에 널리 알림.
★ **첩** 원래 부인 말고 데리고 사는 여자.

아스테카 편

위대한 신 케찰코아틀
- 매가 알려준 곳에 자리를 잡아라

"엄마, 난 **태몽***이 뭐였어?"

나는 학교에서 돌아오자마자 가방을 던지고 엄마에게 물었다.

"갑자기 그건 왜 물어?"

"연주는 복숭아 꿈이라고 그랬대. 예쁘잖아. 난 뭐야?"

"뱀."

"으. 하필 왜 뱀이야? 징그럽게."

난 옆에 뱀이라도 지나가는 것처럼 부르르 몸을 떨었다.

"왜? 뱀이 어때서. 아주 작고 예쁜 초록색 뱀이었는데."

난 태몽이 뭘까?

"엄만 뱀이 좋아?"

"가만 있어 봐. 그걸 어디 뒀더라?"

엄마는 대답 대신 방 안으로 들어가더니 뭔가를 들고 나왔다.

"이거 보여 준 적 있었니?"

엄마가 내게 준 작은 공책에는 '산모수첩'이라고 쓰여 있었다.

"엄마 이름 김선희, 아가 이름 한초록, 몸무게 3.2kg, 2014년 4월 7일 오후 8시 10분 분만."

"한초록이 누구야? 나랑 생일이 똑같네?"

"너야. 태명이 초록이었어. 지금은 노을이지만. 그러고 보니 네 이름이 아주 총천연색이네."

"혹시 초록색 뱀 꿈꿨다고 초록이라고 지은 거야?"

"초록색은 희망이잖아. 예쁘기도 하고."

엄마는 꿈꾸는 눈으로 수첩을 소중하게 쓰다듬었다.

★ **태몽** 배 속에 아기를 가질 때 꾸는 꿈.

"오늘 배울 아스테카 문명은 사실 마야나 잉카에 비해 알려진 게 별로 없어. 지금의 멕시코 중앙 **고원***을 중심으로 발달했지. 특이한 건 아스테카족은 뱀을 문 매가 선인장 위에 앉아 있는 곳에 자리를 잡고 살라는 신의 말씀을 받았다는 거야."

"또 뱀이에요?"

속으로 생각한다는 게 그만 튀어나와 버렸다.

"언제 뱀 얘길 한 적 있었나?"

아저씨가 어리둥절한 얼굴로 물었다.

"아, 아니, 그게 아니고요. 엄마가 제 태몽이 뱀 꿈이라고 그랬거든요."

"태몽? 아빠, 나는?"

시원이도 태몽을 모르고 있었네.

"너희들 **천생연분*** 아니냐? 시원이 너도 뱀 꿈꿨잖아. 아주 큰 구렁이."

"우웩. 뱀도 싫은데 얘랑 천생연분은 또 뭐야!"

시원이는 토하는 시늉까지 했다. 야, 나도 싫거든!

★ **고원** 주위의 땅보다 높은 곳에 펼쳐진 넓은 벌판.
★ **천생연분** 하늘에서 정해 준 인연.

"둘 다 아스테카족과 인연이 깊은 모양이네. 이들이 숭배하는 케찰코아틀이라는 신이 바로 날개 달린 뱀의 모습이거든."

"날개는 없는데요?"

"케찰코아틀의 처음 모습은 이것과는 달랐어. 회백색 피부에 수염을 기른 모습으로 사람들과 함께 생활하는 사람과 비슷했지. 그러다가 점점 사람들의 상상력이 더해지면서 모습이 변하게 된 거지."

"원래 사람이었다가 신이 된 거야?"

시원이가 물었다.

케찰코아틀 조각 아스테카인들의 전설 속에 나오는 날개 달린 뱀 신의 모습을 형상화한 것이에요.

"그렇게 볼 수도 있어. 어떤 사람들은 다른 종교를 믿던 백인이었을 가능성도 있다고 해. 이 신은 모르는 게 없어서 종교, 농업, 법률, 수학, 문자, 음악, 시와 노래, 공예 같은 분야의 지식을 다 알려 주었는데, 여기서 그치지 않고 금속과 돌을 다듬는 기술도 알려 주었다고 하는구나."

"그리스 신화에는 음악의 신 따로 있고 지혜의 신도 따로 있던데."

돌기둥 조각

"그렇지. 그런데 케찰코아틀은 못 하는 게 없으니 여러 신을 섞어 놓은 것 같아. 케찰코아틀은 아스테카인들이 사람을 제물로 바치는 것도 반대했어. 그것 때문에 다른 신들과 전쟁을 하기도 했지."

"그래서 이겼어요?"

"아니. 암흑의 신 테스카틀리포카와 태양의 신 휘칠로포츠틀리와의 싸움에서 졌어. 결국 아스테카를 떠나 동쪽으로 가 버릴 수밖에 없었지."

"그렇게 훌륭한 신을 갑자기 왜 버린 거야?"

"사람을 희생하는 아스테카 문화는 오래 이어져 내려왔어. 그런데 전통문화를 버리라고 하니까 쉽게 받아들일 수 없었던 거야. 기록에 따르면 그가 세 아카틀(한 갈대의 해)에는 돌아오겠다고 했대. 하지만 그걸 믿어 나중에 큰일이 나지."

"또 전쟁이 났어요?"

"1519년 4월 옥수수를 심고 있을 때였어. 스페인 사람이 생전 처음 보는 말을 타고 동쪽에서 나타났는데, 아스테카 사람들은 케찰코아틀이 돌아온 것으로 생각한 거야."

"그럼 반가워했겠네요."

헤르난도 코르테즈

멕시코 성의 정복자 헤르난도가 성 안으로 들어오고 있어요.

"하얀 피부를 가진 그들에게 모두가 나와 절을 하고 환영했지. 그들은 케찰코아틀이 아니라 스페인 출신 헤르난도 코르테즈가 이끄는 사람들이었는데 말이야. 코르테즈는 처음에는 아스테카인들이 왜 그러나 싶었지만 얼른 상황을 알아차리고는 아스테카를 파괴하고 예술품을 빼앗아 갔단다."

"그곳에 자리를 잡은 게 잘못이었네요. 신의 말씀이 잘못된 거 아니에요?"

"사람들의 잘못이라고 봐야겠지. 신의 말씀이라고는 하지만 남의 땅에 들어가 산 거잖아. 아스테카족이 멕시코 땅에 도착했을 때 이미 톨텍이라는 부족이 살고 있었어. 아스테카족이 남의 땅을 빼앗은 거지. 아스테카족은 전쟁을 잘 하고 다른 나라와 관계를 만드는 일에는 뛰어났어. 하지만 나쁜 쪽으로 꾀가 많고 잔인하다는 얘기를 들을 정도였거든. 얘기를 하나 들려줄 건데 잔인해서… 괜찮을까?"

멕시코 교회 부근에서 아스테카 시기의 유물을 발굴하고 있어요.

아스테카의 석상 희생자의 얼굴, 몸통, 사지에서 벗겨낸 가죽을 걸치고 있어요.

"아빠, 역사 공부라며. 당연히 괜찮지."

난 아닌데. 무서운데.

"그래, 역사 공부니까 뭐. 아스테카족이 이웃 나라 국왕을 초청했을 때 일이야. 공주를 만나 보고 싶다는 말에 이웃 나라 왕은 당연히 공주를 먼저 보냈어. 그리고 **연회**˙에서 딸을 기다리던 이웃 나라 왕 앞에 **무사**˙가 춤을 추는데 보니까 방금 벗겨낸 공주의 가죽을 걸치고 있더란다. 왕은 기절했고 그로부터 며칠 뒤엔 이웃 나라가 아스테카족의 땅이 되어 버렸지."

"엄마야!"

"아스테카는 전쟁 포로나 빚을 갚지 못한 사람들을 노예로 만들어 농사도 짓게 하고 건물도 만들게 했어. 그 덕에 농업과 수공업, 상업이 골고루 발달했지. 그런데 좁은 땅에 인구가 점점 늘어나면 어떤 일이 생길까?"

"집을 많이 만들어야겠네요."

"그것도 있지만 더 필요한 것이 있어."

"알았다, 먹을 거!"

"맞아. 식량이 부족해진 거야. 그래서 '치남파'라는 농사법을 생각해 냈어."

"치남파?"

"이름이 독특해서 기억하기 쉬울 거야. 먼저 이걸 만들려면 갈대로 엮은 틀 위에 진흙을 먼저 쌓아. 그리고 물 위에 버드나무로 **고정**★시키는 거지. 여기에 농작물과 과일나무를 심었

★ **연회** 여러 사람이 모여 음식과 술을 먹으면서 즐기는 모임.
★ **무사** 전쟁에 관한 기술을 익혀 전쟁에 나아가 싸우던 사람.
★ **고정** 일정한 곳에 붙어 있어 움직이지 않음.

어. 씨를 뿌리기 전에 진흙을 새로 깔았기 때문에 땅은 점점 두꺼워졌대."

"어떻게 안 가라앉고 물 위에 떠 있는 거예요?"

"주위에 심은 버드나무가 물을 막는 역할을 해 주었거든. 치남파가 가라앉을 것 같으면 다시 흙을 덮어 기름진 땅으로 만들었으니 농사는 점점 더 잘 됐고 말이야."

"머리 좋은 사람들이었네."

"치남파 주변에 흐르는 물에서 물고기를 잡기도 했어. 부지런하고 성실했던 아스테카인들은 개도 키우고 칠면조도 키웠어. 그때 만들어진 치남파 농법은 지금까지도 사용하고 있단다."

소치밀코의 전원 풍경 이 지역에서는 아스테카인들이 만든 '치남파 농법'을 지금까지도 사용해요.

종교 의례
- 심장을 바치니 복을 주소서

"이게 뭐처럼 보이니?"

VR기기를 쓰자 이상한 게 보였다.

"물방울인가? 아니다, 하트요."

"시원이 너는?"

"엉덩이? 울라울라 울라울라."

정시원, 이 나이에 아직도 짱구를 보는 거냐?

아스테카인들이 만든 심장 모양 장식물

"시원이는 요즘 노을이보다 점수가 한참 뒤져 있을 것 같구나. 노을이가 매번 정답을 맞히고 있잖니. 이건 아스테카인들이 만든 심장이야. 목걸이로 쓰였을 거야."

아스테카인이 인간 제물을 바치는 장면

"사 람 시… 시… 심장을 자른다고?"

"그때도 하트가 이 모양이었다니 신기해요."

"사람 심장을 직접 잘라 봤으니 비슷하게 만들 수 있었을 거다."

"왜 사람 심장을 잘라?"

"아스테카 신화를 먼저 살펴봐야 이해가 쉬울 거야. 신화에는 하늘과 땅이 나뉘기 전 이야기가 나와. 모든 신이 불 앞에 모여 있어. 그중 한 신이 불에 몸을 던지니까 태양이 되었어.

그러면서 사람들이 태어났지. 그렇게 네 개의 태양이 생겼다가 없어졌는데 그때마다 세상도 함께 망해서 없어지곤 했어. 이제 다섯 번째 태양이 떠올랐고 아스테카인들은 날마다 태양이 떠오르기를 바라며 제물을 바쳤지."

"태양한테 줄 게 뭐 있어?"

"태양은 신이니까 신에게 바치는 거지. 가장 귀하게 여긴 제물이 바로 인간의 피와 심장이었어."

"아무나 죽여서요?"

"그렇진 않지. 아스테카 사람들은 전쟁에서 죽는 것과 신에게 제물이 되는 걸 훌륭하고 귀한 죽음이라고 생각했어. 그래서 전쟁 포로*나 아스테카 사람 중에서 골랐지. 제물로 뽑히면 개인에게도 좋은 일이지만 집안에도 영광이라고 여겼단다."

아스테카의 일력 다섯 번째 태양이 떠올랐을 때의 모습.

★ **포로** 전투에서 적에게 사로잡힌 병사.

"죽는 게 영광이라고? 말도 안 돼."

"어릴 때부터 그렇게 믿고 자라면 그럴 수도 있지. 제사장이 몇 날 몇 시에 태어난 남자아이가 제물로 적당한지를 **점성술**[*]로 결정해. 그럼 어려서부터 부모와 떨어져 자라게 되는 거야. 이 아이가 자라 청년이 되면 제물로 바쳐지기 전에 아름다운 아가씨와 결혼을 해. 그동안 전통 피리곡을 배우지."

"죽을 사람하고 결혼을 한다고요? 그럼 그 여자는 어떻게 해요?"

"그 얘기까지 나와 있지는 않지만 아마 그것도 당연하게 여기지 않았을까?"

"그 여자가 더 불쌍해요."

"야, 죽는 남자가 더 불쌍하지."

"둘 다 불쌍하긴 하지. 그렇게 해서 제삿날이 되면 아주

제물을 담는 '차크몰' 형상의 그릇

화려한 옷을 입고 제단이 있는 피라미드 위로 올라가는 거야. 광장에 모인 사람들은 환호성을 지르고 그 청년은 전통 피리곡을 불며 올라가다가 정상 근처에서 흙으로 만든 악기를 부수는 거야. 그때 누군가 돌로와치라는 음료를 주면 마시는 거지."

"돌로와치는 또 뭐야?"

"아스테카인들이 마시던 음료인데, 아픔을 없애고 마음을 진정시키는 효과가 있대. 그걸 마신 후 제사장들이 청년의 심장을 꺼내서 태양신에게 바치는 거야. 이 심장은 불에 태우는데

★ **점성술** 별을 보고 점을 치는 기술.

그때 독수리의 영혼이 하늘에서 내려와서, 심장에 깃든 영혼을 가져다 태양에게 먹이면 제물의 영혼이 태양과 영원히 함께한다고 믿은 거지."

"그래도 난 그렇게 죽는 건 싫어."

"이젠 사람을 제물로 바치는 의식은 없으니 안심해라, 아들."

"전쟁 포로는 그런 생각 없이 죽는 거잖아요."

"아니야. 아스테카인뿐만 아니라 주변 종족들도 신을 위한 희생은 영광으로 여겼어. 게다가 전쟁 포로로 잡히면 신분도 **신의 사자***로 올라갔지. 전사가 포로를 잡으면 '이 자는 내가 무척 아끼는 아들이다'라고 외치고, 포로도 '이분은 존경하는 나의 아버지다'라고 대답하곤 했지."

"이상한 사람들 같아요."

"믿음이라는 게 사람을 그렇게 만들기도 한단다. 아스테카 문화는 전쟁과 인간 희생을 통해 커져 갔어. 불행한 일을 막으려고 사람을 제물로 바치고, 제물로 희생될 사람을 얻기 위해 전쟁을 하는 식이었지."

★ **신의 사자** 신의 심부름을 하는 사람.

"아이고, 답답해. 전쟁을 안 하면 되지."

"전쟁을 안 하면 포로가 없어서 제물을 바칠 수가 없지. 아무리 가문의 영광이라고 여긴다고 해도 아스테카인들을 계속해서 제물로 바칠 수는 없었으니까."

"얼마나 많은 사람을 제물로 바친 거예요?"

돌로 만든 가면 테오티와칸에서 인간 제물 의식을 거행할 때 사용되었어요.

"정확히 알 수는 없어. 하지만 테노치티틀란 신전이 세워졌을 때 나흘 동안 8만 명에 이르는 사람이 제물로 바쳐졌다는구나. 이때는 모두 전쟁 포로를 제물로 바쳤고 두개골은 촘판틀리라는 선반에 걸었는데 이 선반이 박물관에 남아 있어."

"몇 개나 있는데?"

"스페인 사람들이 아스테카에 들어왔을 때 세어 보니 두개골이 10만 개가 넘었다고 하는데 몇 개가 남아 있느냐가 중요한 게 아니야. 마에스트로 틀라카엘레틀이라는 아스테카 제사장은 고대 아스테카인들이 사람을 제물로 바친 의식이 지나치게

부풀려졌다고 했어. 고대 아스테카인이 해마다 치르던 행사 일부이고 촘판틀리에 놓인 두개골도 그냥 자연스럽게 죽은 사람 거라고 했단다. 여기 피라미드들이 보이지? 이 꼭대기에서 제물을 바쳤던 거야."

"이게 피라미드에요? 꼭대기가 뾰족하지 않네요?"

"우리한테는 이집트 피라미드가 익숙해서 그래. 제물을 바치기 위해 만든 피라미드라 위쪽이 평평했어. 테오티와칸이라는 유적지에 남아 있는 피라미드들이야. '태양의 피라미드', '달의 피라미드', '케찰코아틀의 피라미드'란 이름이 붙여져 있고 가

죽은 자의 길

달의 피라미드 꼭대기에서 남쪽을 바라본 모습.

멕시코시티의 타쿠바 거리 아래에는 아스테카인의 제단이 묻혀 있어요.

운데 있는 큰길은 '죽은 자의 길'이라고 불렸지."

"아빠가 말한 것보다 피라미드가 더 많은데?"

"큰 피라미드에만 이름이 붙여졌거든. '태양의 피라미드'에만 11개의 작은 피라미드가 있는데 현재까지 나타난 건 가장 먼저 만들어진 제1 피라미드뿐이야. 그리고 '케찰코아틀의 피라미드'는 '태양의 피라미드'보다 훨씬 넓지만 높이는 낮아서 만들다 말았다고 생각되지."

"왜 그렇게 피라미드를 많이 만들었어요?"

"사람들 말에 따르면, 전쟁에서 승리할 때마다 기념하려고 만들었다는데 그것도 확실하진 않아. 신기한 거 하나 알려 줄까? '케찰코아틀의 피라미드'와 '태양의 피라미드'는 정확히 일직선 위에 만들어졌어. 이 선은 또 '죽은자의 길'과 완벽한 **평행**★을 이루고 '달의 피라미드'는 오른쪽으로 약간 치우쳐서 만들어졌지."

"그게 뭐가 신기해?"

"이게 또 이집트의 기제 피라미드와 정확히 일치하거든. 두 피라미드의 **평면도**★를 그린 다음에 겹쳐 보면 넓이나 꼭짓점들이 완벽하게 맞아떨어져. 안 신기해?"

"모르겠는데."

"아스테카인들이 만든 피라미드는 태양계 별들의 **비율**★을 따라 했다는 거야. 이건 당시 아스테카인들이 별에 관한 지식이 있었다는 것이고 별과 태양 간의 거리도 정확하게 계산했다는 걸 의미하지."

"수학을 잘했나 보네요."

★ **평행** 두 직선이나 평면이 나란해서 아무리 연장해도 서로 만나지 않음.
★ **평면도** 물체를 바로 위에서 내려다본 그림.
★ **비율** 어떤 수나 양의, 다른 수나 양에 대한 비교 값.

"응. 천문학적인 지식도 많았고. 참, 태양의 피라미드 중앙 아래쪽에서 신비한 천연동굴도 찾아냈어. 들어가는 입구에 거대한 해골 조각이 동굴을 지키고 있단다. 이 조각상을 지나 들어가면 네 잎 클로버처럼 생긴 내부가 나온대."

"거기서 뭘 하는데?"

"그것도 확실한 건 몰라. 다만 신성한 제단일 것이다, 비밀 모임 장소였을 것이다, 아스테카인에게 이 동굴은 세상이 탄생한 성스러운 장소일 것이다, 이런 얘기들만 있을 뿐이지."

태양의 피라미드 중심에서 제사용품을 놓아 두는 동굴이 발견되었어요.

아스테카인들이 만든 피라미드의 비밀

영국 학자인 크리스 모턴과 세리 루이스 토머스는 이집트의 피라미드와 테오티와칸 피라미드를 연구한 결과, 비슷한 점을 발견했어요. 두 지역 피라미드 높이와 밑단 둘레 간에 수학의 원주율, 파이(π)가 숨어 있다는 걸 알아냈죠. 테오티와칸에 있는 피라미드는 π가 2배씩 차이가 나고, 이집트에 있는 피라미드는 4배씩 차이가 납니다. 이것은 아스테카인들이 이미 원주율을 곱해 원이 반지름과 지름 또는 지구의 크기를 이미 알고 있었다는 걸 말해 주는 거지요.

또 모턴과 토머스는 전체 테오티와칸의 구성이 거대한 시계와 같고 시계 중심이 바로 태양의 피라미드라는 걸 밝혀냈어요. 태양의 피라미드는 동쪽 측면을 정확하게 설계해서 계절에 따라 햇빛에 의한 그림자가 변하도록 만들었어요. 춘분과 추분이 되는 날만 동쪽 면이 태양광선을 충분히 받도록 만든 거죠.

그리고 태양이 서쪽을 향해 가장 낮은 고도로 움직이며 긴 그림자를 만들다가 정오가 되면 사라지는데 이때 66.6초가 걸린대요. 이런 방법으로 춘분, 추분의 정오가 되는 시간까지 정확하게 알 수 있어요.

이집트 피라미드

테오티와칸 피라미드

여행은 이제부터 다시 시작

"노을이랑 여덟 번의 역사 여행도 오늘이 마지막이구나. 지루하지는 않았길 바란다."

"벌써 끝이에요?"

한두 번은 더 남은 줄 알았는데 끝이라니. 처음엔 진짜 하기 싫었는데 왠지 모르게 아쉬웠다.

"언제 끝나냐고 묻던 애는 어디 갔나?"

시원이는 기회만 있으면 나를 놀리지 못해 안달이다.

"너도 처음엔 역사 재미없다고 하던 녀석이야. 잊어버렸어? 아빠랑 같이 공부하자고 하니까 울고불고 난리를 치더니."

"내가 언제? 난 그런 적 없거든."

그럴 줄 알았다. 묘하게 안심이 되네.

"그런데 아저씨, 뭐 하나 여쭤봐도 돼요?"

"응, 뭐든 말해 봐."

"처음에 제 꿈에 나왔던 마야벽화 속 얼굴이요, 진짜일까요?"

"진짜일 수도 있고 아닐 수도 있지."

"그건 또 무슨 말이야, 아빠? 진짜라고 했잖아."

시원이는 속아서 억울하다는 표정을 지었다.

"내가 했던 말 기억하니? 믿는 대로 이루어진다는 말."

"아, 네. 마야인들처럼 믿으면 할아버지도 볼 수 있다고 하셨잖아요. 저도 진짜로 봤고요."

"바로 그거야. 노을이가 믿었기 때문에 나타난 거지. 노을이는 마야벽화를 손으로 친 게 솔직히 미안했을 거야. 그런데 시원이가 꿈에 나타나 저주를 내린다고 하니까 그걸 믿었고, 신경 쓰이니까 꿈에 나타난 거지."

"맞아요. 진짜인 줄 알았어요."

"그만큼 노을이가 순수*하고 맑다는 얘기야. 이유가 어찌 됐든 나도 너희들 덕분에 마야, 잉카, 아스테카 문명을 다시 볼 기회를 얻어서 좋았단다."

★ **순수** 욕심이나 못된 생각이 없음.

"난 VR기기를 써 봐서 좋았어. 게임 하는 기분이었어."

"저도요. 직접 그곳에 가보고 눈앞에서 유물을 보는 느낌이라 더 재미있었어요."

아저씨는 흐뭇한 미소를 지으셨다.

"아저씨, 아니 선생님. 앞으로도 역사 공부 함께할 수 있어요?"

"무슨 역사가 궁금해졌을까?"

"우리나라 역사요. 잘 알고 있어야 한다고 하셨잖아요. 그래야 잃어버린 문화재도 되찾고 일본이 독도를 자기네 땅이라고 우겨도 뭐라고 할 수 있는 거잖아요."

"이야, 노을이 멋지네. 그래, 우리 앞으로도 역사 공부 제대로 해 보자."

"아빠, 나도!"

그래, 정시원이 빠지면 나도 섭섭하지. 그러고 보니 우리 좀 친해진 거 같지 않아?